EDITORA DO CONHECIMENTO

Auxiliando a humanidade a encontrar a Verdade

O EVANGELHO DO DIA

O Evangelho do Dia

Volume 6

Allan Kardec

CONHECIMENTO EDITORIAL LTDA.
Rua Prof. Paulo Chaves, 276 - Vila Teixeira Marques
CEP 13480-970 — Limeira — SP
Fone/Fax: 19 3451-5440
www.edconhecimento.com.br
vendas@edconhecimento.com.br

Tradução: Julieta Leite
Edição de texto: Margareth Rose Fonseca Carvalho
Organização e formatação: Dalmo Duque dos Santos
Ilustração da Capa: Banco de imagens
Projeto Gráfico: Sérgio Carvalho

ISBN 85-7618-261-0 — 1ª Edição - 2012

• Impresso no Brasil • Presita en Brazilo

Produzido no departamento gráfico da
CONHECIMENTO EDITORIAL LTDA
Fone: 19 3451-5440
e-mail: conhecimento@edconhecimento.com.br

Dados Internacionais de Catalogação na Publicação (CIP)
(Câmara Brasileira do Livro, SP, Brasil)

Kardec, Allan, 1804 - 1869.
O Evangelho do Dia, volume 6 / Allan Kardec ; organização e formatação Dalmo Duque dos Santos ; [tradução Julieta Leite]. - 1. ed. - Limeira, SP : Editora do Conhecimento, 2012.

ISBN 978-85-7618-261-0

1. Espiritismo 2. Evangelho I. Santos, Dalmo Duque dos. II. Título

12- CDD – 133.9

Índices para catálogo sistemático:
1. : Espiritismo : 133.9
2. Evangelhos : Exegese espírita 133.9

Allan Kardec

O EVANGELHO DO DIA

Volume 6

Organização e formatação:
Dalmo Duque dos Santos

1ª edição
2012

EDITORA DO CONHECIMENTO

Sumário

Apresentação

Caro leitor,

Este guia foi idealizado para facilitar a leitura, a reflexão e a reforma moral com base nos temas de *O Evangelho Segundo o Espiritismo*, ilustrados por questões de *O Livro dos Espíritos* e, eventualmente, de *O Livro dos Médiuns*.

Os conceitos do item **Vida Plena**, que é o Evangelho na prática, foram extraídos de diversas obras e experiências que procuram diferenciar o **pensar**, o **sentir** e o **agir** na transformação do comportamento humano. Essa dinâmica reflexiva é muito rica, tanto na aplicação individual como em grupo. Quando praticada, é necessário obedecer as etapas progressivas de autoconhecimento:

O que **penso** a respeito deste assunto?
Que **sentimento** tenho sobre o tema proposto?
Estou **disposto a mudar** minha forma de pensar, sentir e agir?
Por onde posso **começar** essa mudança?

Fé inabalável é somente aquela que pode encarar a razão de frente, em todas as eras da humanidade.

***

Os espíritos do Senhor, que são as virtudes dos Céus, tal qual um imenso exército que se põe em movimento ao receber um comando superior, posicionam-se por toda a superfície da Terra, e, como estrelas cadentes, vêm iluminar o caminho e abrir os olhos dos cegos.

Em verdade vos digo, são chegados os tempos em que todas as coisas devem ser restabelecidas em seu verdadeiro sentido, a fim de dissipar as trevas da ignorância, confundir os orgulhosos e glorificar os justos.

As grandes vozes do Céu ecoam como o som da trombeta, e os coros dos anjos a elas se juntam. Homens, nós vos convidamos a participar deste divino concerto! Que vossas mãos tomem a lira; que vossas vozes se unam, e, num hino sagrado, se façam ouvir e vibrar de um extremo ao outro do Universo!

Homens, irmãos a quem amamos, estamos junto de vós! Amai-vos também uns aos outros, e, fazendo a vontade do Pai, que está no Céu, clamai do fundo do vosso coração: "Senhor! Senhor!". Então, podereis entrar no reino dos Céus.

O Espírito de Verdade

Domingo

Capítulo I

NÃO VIM REVOGAR A LEI

INTRUÇÕES DOS ESPÍRITOS

A NOVA ERA

10. Um dia, em sua caridade inesgotável, Deus permitiu que o homem visse a verdade dissipar as trevas. Esse foi o dia do advento do Cristo. Mas depois de ter conhecido a luz, as trevas voltaram. E o mundo, oscilando entre a verdade e a ignorância, novamente se perdeu. Então, tal como ocorreu aos profetas do *Antigo Testamento*, os espíritos puseram-se a exclamar e a vos advertir: "O mundo foi abalado em suas bases e o trovão estrondará. Sede firmes!".

O espiritismo é de origem divina, pois se apóia nas próprias leis da natureza. E crede que tudo o que é de índole divina tem um objetivo nobre e útil. Vosso mundo se perdia. A ciência, desenvolvida às custas dos interesses morais, conduzindo-vos unicamente ao bem-estar material, revertia-se em proveito do espírito das trevas.

Cristãos, vós o sabeis, o coração e o amor devem caminhar unidos à ciência. Dezoito séculos depois, apesar do sangue derramado por tantos mártires, o reino do Cristo infelizmente ainda não chegou. Cristãos, voltai-vos para o Mestre que quer vos salvar! Tudo é fácil para aquele que crê e ama, pois o amor enche-o de uma enorme alegria. Sim, meus filhos, o mundo está abalado.

Os bons espíritos não se cansam de vos dizer isso. Então, curvai-vos para que o vento que anuncia a tempestade não vos derrubeis. Ou melhor: preparai-vos e não imiteis as virgens insensatas que foram apanhadas de surpresa à chegada do esposo.

A revolução que se prepara é mais moral do que material. Os grandes espíritos, mensageiros divinos, insuflam a fé para que todos vós, obreiros esclarecidos e zelosos, façais ouvir vossa humilde voz, pois sois o grão de areia, mas sem os grãos de areia não haveria montanhas. Portanto, que a expressão "somos pequenos" não tenha mais sentido para vós. Para cada um, sua missão; para cada um, sua tarefa. A formiga não ergue seu formigueiro? E animaizinhos, minúsculos, não constroem continentes? A nova cruzada começou. Apóstolos da paz universal, e não da guerra, são bernardos modernos, olhai para a frente a avançai, pois a lei dos mundos é a Lei da Evolução! (FÉNELON, Poitiers, 1861).

O LIVRO DOS ESPÍRITOS

1018. Em que sentido se devem entender estas palavras do Cristo: "Meu reino não é deste mundo"?

- Ao responder assim, o Cristo falava em sentido figurado. Ele queria dizer que só reina nos corações puros e desinteressados. Ele está em todo lugar onde o amor ao bem domina. Os homens ávidos das coisas deste mundo e apegados aos bens terrenos, porém, não estão com ele.

VIDA PLENA

"Tenho esperado a morte para solucionar as questões da vida? Alego enfermidade ou velhice para desistir de aprender?".

PRECE

Bons espíritos, vós que sois experientes nas provas da vida, mantende-nos alertas para os perigos que nos desviam das verdadeiras finalidades de nossa atual encarnação. Que o Evangelho do Mestre seja a nossa bússola, e a vossa proteção o barco seguro para a nossa viagem de renovação interior.

Segunda-feira

Capítulo 3

HÁ MUITAS MORADAS NA CASA DE MEU PAI

MUNDOS REGENERADORES

16. Entre as estrelas que cintilam na abóbada celeste, quantos mundos há, como o vosso, destinados pelo Senhor à expiação e à prova! Mas existem também mundos mais miseráveis e mundos melhores, assim como há os de transição, que podemos chamar de regeneradores. Cada sistema planetário, girando no Espaço em torno de um centro comum, leva consigo seus mundos primitivos, de exílio, de prova, de regeneração e de felicidade. Já ouvistes falar de mundos onde a alma recém-nascida é colocada, ainda ignorante do bem e do mal, para que possa caminhar em direção a Deus, senhora de si, na posse de seu livre-arbítrio. Já vos foi dito a respeito das amplas faculdades de que a alma está dotada, para fazer o bem. Mas infelizmente há as que sucumbem. E Deus, não querendo prostrá-las, permite-lhes passar para esses mundos, onde se depuram e se regeneram, de encarnação em encarnação, até que se tornem dignas da glória que lhes está reservada.

17. Os mundos regeneradores servem de transição entre os mundos de expiação e os mundos felizes. A alma que se arrepende encontra neles a calma e o repouso, acabando por

depurar-se. Nesses mundos, sem dúvida, o homem ainda está sujeito às leis que regem a matéria. A humanidade tem sensações e desejos semelhantes aos vossos, mas está livre das paixões desenfreadas de que sois escravos. Neles, não existe o orgulho que faz calar o coração, a inveja que o tortura e o ódio que o sufoca. A palavra *amor* está impressa em todas as frontes, e uma perfeita igualdade rege as relações sociais. Todos reconhecem Deus e, seguindo Suas leis, tentam chegar até Ele.

No entanto, nesses mundos a felicidade perfeita ainda não existe, mas sim o alvorecer da felicidade. O homem ainda é carne, e por isso mesmo está sujeito a contrariedades de que só os seres completamente desligados da matéria estão livres. Ele ainda tem de passar por provas, embora elas não sejam tão dolorosas quanto as angústias da expiação. Comparados à Terra, esses mundos são muito felizes. Muitos de vós ficariam satisfeitos se o habitassem, pois lá reina a mesma calma que se experimenta após a tempestade, a convalescença que se segue depois de uma doença cruel.

O homem, menos preocupado com as coisas materiais, entrevê o futuro melhor do que vós. Ele compreende que são outras as alegrias que o Senhor promete aos que se tornam dignos, quando a morte novamente tiver ceifado seus corpos para introduzi-los na verdadeira vida. É então que a alma liberta poderá viajar por sobre todos os horizontes, prevalecendo não mais os sentidos materiais e grosseiros, e sim os delicados sentidos de um perispírito mais apurado, envolvido pelas emanações do amor, provindas de Deus.

18. Infelizmente nesses mundos o homem ainda é falho, e o mal não perdeu completamente o seu poder. Não avançar significa recuar. Por isso, se não estiver firme no caminho do bem, o homem pode voltar a cair nos mundos de expiação, onde novas e terríveis provas o aguardam.

À noite, na hora do repouso e da prece, contemplai, pois, a abóbada celeste, e, nas inúmeras esferas que brilham acima de vossas cabeças, procurai as que levam a Deus, pedindo-lhe que um mundo regenerador vos acolha após a expiação na Terra (Santo Agostinho, Paris, 1862).

O LIVRO DOS ESPÍRITOS

183. Indo de um mundo para outro, o espírito passa por uma nova infância?

- Em qualquer lugar, a infância é uma transição necessária, mas nem sempre é tão tola como entre vós.

184. O espírito pode escolher o novo mundo que deve habitar?

- Nem sempre, mas pode pedir e conseguir isso se o merecer, uma vez que os mundos só são acessíveis aos espíritos segundo seu grau de elevação.

VIDA PLENA

"Tenho guardado o equilíbrio diante das paixões e desejos? Posso distinguir a diferença entre o desejo e a vontade?".

PRECE

Senhor, obrigado mais uma vez, pela oportunidade de evoluir espiritualmente através desta morada, na qual nos encontramos para expiar nossas faltas e desenvolvermos nossas potencialidades por meio das provas. Mesmo pequenos e falíveis, permiti-nos ser úteis na vossa Seara, ajudando aqueles que ainda ignoram as verdades eternas.

Terça-feira

Capítulo 4

NINGUÉM PODE VER O REINO DE DEUS SE NÃO NASCER DE NOVO

Instruções dos espíritos
LIMITES DA ENCARNAÇÃO

24. *Quais são os limites da encarnação?*

A encarnação não tem limites nitidamente traçados, se levarmos em conta o envoltório que constitui o corpo do espírito, uma vez que a materialidade desse envoltório diminui à medida que o espírito evolui. Em alguns mundos mais avançados que a Terra, ele já é menos denso, menos pesado e menos grosseiro, e, consequentemente, menos sujeito a vicissitudes. Num grau mais elevado, ele é transparente, quase fluídico. Assim, ao evoluir de grau em grau, ele vai se depurando e desmaterializa-se a ponto de confundir-se com o perispírito. Conforme o mundo que lhe é designado a viver, o espírito toma o envoltório adequado à natureza desse mundo.

O próprio perispírito sofre sucessivas transformações: torna-se cada vez mais etéreo, até a depuração completa que caracteriza os espíritos puros. Embora os mundos especiais sejam destinados aos espíritos mais avançados que ali fazem estágio, nem por isso estão confinados, como nos mundos inferiores, pois o estado de desprendimento em que se encontram lhes permite transportarem-se para qualquer lugar, conforme as missões que lhes são confiadas.

Mas, se considerarmos a encarnação do ponto de vista material, tal como acontece na Terra, podemos dizer que ela está limitada aos mundos inferiores. Consequentemente, depende do espírito libertar-se mais, ou menos, rapidamente da encarnação, empenhando-se na própria purificação.

Deve-se considerar também que na erraticidade, ou melhor, no intervalo entre as existências corporais, a situação do espírito está relacionada com a natureza do mundo ao qual ele está ligado pelo seu grau de adiantamento. Assim, na erraticidade, ele é mais feliz ou menos feliz, sente-se livre e esclarecido, conforme esteja mais, ou menos, desmaterializado (São Luís, Paris, 1859).

O LIVRO DOS ESPÍRITOS

186. Existem mundos onde o espírito, deixando de habitar um corpo material, só tenha por envoltório o perispírito?

- Sim, e mesmo esse envoltório passa a ser de tal forma etéreo, que para vós é como se não existisse. É o estado de espíritos puros.

186a. Parece que disso se pode concluir que não há uma demarcação nítida entre o estado das últimas encarnações e o de espírito puro?

- Essa demarcação não existe; sumindo pouco a pouco, a diferença se torna imperceptível, tal como a noite desaparece aos primeiros clarões da aurora.

187. A substância do perispírito é a mesma em todos os mundos?

- Não; ela é mais ou menos etérea. Ao passar de um mundo para outro, o espírito se reveste da matéria própria de cada mundo, e com a rapidez de um relâmpago.

VIDA PLENA

"Tenho dado movimento construtivo às minhas horas?".

PRECE

Amado Pai, vós que nos ofereceis a vida eterna e as sucessivas existências para conquistarmos essa dádiva, fazei-nos instrumentos da vossa vontade para que possamos aproveitar com sabedoria as horas preciosas que permanecemos encarnados nesta escola de regeneração.

Quarta-feira

Capítulo 5
BEM-AVENTURADOS OS AFLITOS (I)

O MAL E O REMÉDIO

19. Será vossa Terra um lugar de alegria, um paraíso de deleite? A voz do profeta não ecoa mais aos vossos ouvidos? Ele não vos anunciou que haveria choro e ranger de dentes para os que nascessem neste vale de dores? Vós que viestes viver aqui, esperai, pois, muitas lágrimas e sofrimentos lancinantes. E quando vossas dores forem mais agudas e intensas, olhai para o Céu e bendizei ao Senhor por ter desejado vos experimentar. Homens, só reconhecereis o poder de vosso Mestre quando Ele tiver curado as chagas do vosso corpo e coroado vossos dias de bem-aventurança e de alegria? Só reconhecereis Seu amor quando Ele tiver ornamentado vosso corpo com glórias, e lhe tiver restituído o brilho e a brancura? Imitai aquele que vos foi dado como exemplo: tendo chegado ao último grau do desprezo e da miséria, estendido num monte de esterco, disse a Deus: "Senhor, conheci todas as alegrias da riqueza e me reduzistes à mais profunda miséria. Obrigado, obrigado, meus Deus, por quererdes experimentar este vosso servo!".

Até quando vossos olhos se deterão nos limites fixados pela morte? Quando vossa alma finalmente resolverá aventurar-se além dos limites do túmulo? Ainda que devêsseis chorar e sofrer a vida inteira, o que representaria isso comparado à eterna glória reservada a quem tiver suportado a prova com fé, amor e resignação? Buscai, portanto, consolação para vossos males no futuro que Deus vos prepara, e a causa dos vossos males, no vosso passado. Vós que mais sofreis, considerai-vos os afortunados da Terra.

Quando vagáveis no Espaço, no estado de desencarnados, escolhestes vossas provas, pois vos considerastes suficientemente fortes para suportá-las. Então, por que lamentar agora? Quando pedistes a fortuna e a glória, desejastes enfrentar a luta contra a tentação, a fim de vencê-la. Quando pedistes para lutar de corpo e alma contra o mal moral e físico, sabíeis que quanto mais difícil fosse a prova mais honrosa seria a vitória, e que, se saísseis triunfantes, mesmo que o vosso corpo fosse jogado num monturo, após a morte, deixaria escapar uma alma resplandecente e purificada pela expiação e pelo sofrimento.

Que remédio receitar, então, aos que são acometidos por obsessões cruéis e males pungentes? Só há um medicamento infalível: é a fé; é recorrer aos Céus. Se, no auge dos vossos sofrimentos mais cruéis, vossa voz louvar o Senhor, então, o anjo à vossa cabeceira vos apontará o milagre da salvação e o lugar que devereis ocupar um dia... A fé é o remédio infalível para o sofrimento. Ela sempre mostra os horizontes do Infinito, diante dos quais se dissipam os poucos dias sombrios do presente. Portanto, não mais pergunteis que remédio se deve tomar para a cura de tal úlcera ou de tal ferida, para tal tentação ou tal prova. Lembrai-vos de que quem crê, recorre ao remédio da fé, e quem duvida um segundo de sua eficácia é imediatamente punido, pois logo sente as dolorosas angústias da aflição.

O Senhor marcou com Seu selo todos os que crêem Nele. Jesus vos disse que com fé se removem montanhas. Eu vos digo que quem sofre e tem a fé como alicerce será colocado sob sua proteção e não sofrerá mais. Para este, os momentos mais dolorosos serão os primeiros acordes de alegria da eternidade. Sua alma se desprenderá de tal forma do corpo que, enquanto ele se retorce em convulsões, ela planará nas regiões celestes, cantando com os anjos os hinos de reconhecimento e de glória ao Senhor.

Felizes os que sofrem e choram! Que suas almas se alegrem, pois serão recompensadas por Deus! (SANTO AGOSTINHO, Paris, 1863).

O LIVRO DOS ESPÍRITOS

192. Tendo uma conduta perfeita, pode-se, já na vida presente, transpor todos os graus e tornar-se espírito puro, sem passar por outras vidas intermediárias?

- Não, pois o que o homem pensa que é perfeito, longe está da perfeição; há qualidades que lhe são desconhecidas e que não pode compreender. Ele pode ser tão perfeito quanto sua natureza terrestre o permite, mas isso não significa a perfeição absoluta. Igual a uma criança que, por mais precoce que seja, deve passar pela juventude antes de tornar-se adulta; igual, também, ao doente, que passa pela convalescença antes de recobrar a saúde. E, além do mais, o espírito precisa progredir em conhecimentos e moralidade. Se progrediu num sentido apenas, é necessário que progrida no outro para chegar ao topo da escala. No entanto, quanto mais o homem avançar na sua vida presente, menos longas e pesadas serão as provas futuras.

VIDA PLENA

"Já parei para refletir que sou eu mesmo o maior inimigo das minhas realizações mais nobres?".

PRECE

Senhor, que diariamente possamos nos lembrar das verdadeiras finalidades da nossa atual existência e de que, neste mundo de expiações e provas, nossas aflições são meios úteis ao nosso aperfeiçoamento.

Quinta-feira

Capítulo 5

BEM-AVENTURADOS OS AFLITOS (II)

A FELICIDADE NÃO É DESTE MUNDO

20. "Não sou feliz! A felicidade não foi feita para mim!", geralmente exclamam os homens, quaisquer que sejam sua posição social. Isso, meus queridos filhos, prova melhor do que todos os argumentos possíveis a verdade desta máxima, do *Eclesiastes*: "A felicidade não é deste mundo". Realmente, nem a fortuna, nem o poder, nem mesmo a juventude em flor são condições suficientes para a felicidade. E digo mais: nem mesmo o conjunto dessas três condições tão desejadas, pois continuamente ouvimos entre as classes privilegiadas pessoas de diversas idades queixando-se amargamente de sua condição de vida.

Diante de tal constatação, é inconcebível aceitar que as classes trabalhadoras e ativas invejem com tanta cobiça a posição dos que a fortuna parece ter favorecido. Neste mundo, por mais que se faça, cada um tem sua cota de trabalho e miséria, seu quinhão de sofrimento e decepção. Donde é fácil concluir que a Terra é um lugar de provas e expiações.

Portanto, aqueles que pregam que a Terra é a única morada do homem, que só nela, e numa única existência, lhe é permitido atingir o grau máximo da felicidade, iludem a si próprios e a quem os ouve, pois já está provado por séculos de experiências que, só excepcionalmente, este globo apresenta as condições necessárias à completa felicidade do indivíduo.

De modo geral, podemos afirmar que a felicidade é um sonho do qual gerações sucessivas buscam alcançar sem jamais conseguir, pois, se o homem sábio é uma raridade neste planeta, mais raro ainda é encontrar aqui um homem totalmente feliz.

O conceito de felicidade na Terra é tão efêmero para aquele que não se guiar pela sensatez que, por um ano, um mês, uma semana completa de satisfação, todo o resto da existência se esvai numa sequência de amarguras e decepções. E notai, meus queridos filhos, que falo aqui dos que são felizes na Terra, daqueles que são invejados pelo povo.

Consequentemente, se a morada terrena se destina à expiação e às provas, com certeza devemos admitir que em outros lugares existem moradas mais privilegiadas, onde o espírito do homem, mesmo ainda aprisionado num corpo material, desfruta das alegrias inerentes à vida humana, em sua plenitude. Por isso, Deus semeou em vosso sistema esses belos planetas superiores, para onde vossos esforços e tendências vos levarão um dia, quando estiverdes suficientemente depurados e aprimorados.

Todavia, que não se conclua dessas minhas palavras que a Terra esteja destinada a ser um eterno lugar de penitência. Não! Certamente que não, pois, dos progressos já obtidos, podeis facilmente deduzir os progressos futuros, e dos melhoramentos sociais já conquistados, novos e mais proveitosos melhoramentos virão. Essa é a grande tarefa que a nova doutrina revelada pelos espíritos deve ajudar a realizar.

Assim, queridos filhos, que um providencial estímulo vos anime, e que cada um de vós se liberte energicamente do homem velho! Empenhai-vos todos na propagação do espiritismo, que já deu início à vossa própria regeneração. É um dever incentivar vossos irmãos a participar dessa sagrada luz. Portanto, mãos à obra, meus queridos filhos! Que nessa reunião solene todos os corações aspirem ao grandioso objetivo de preparar, para as gerações futuras, um mundo em que a felicidade não será mais uma ilusão (François-Nicolas-Madeleine, Cardeal Morlot, Paris, 1863).

O LIVRO DOS ESPÍRITOS

634 Por que o mal está na natureza das coisas? Refiro-me ao mal moral. Deus não poderia criar a humanidade em melhores condições?

- Já te dissemos: os espíritos foram criados simples e ignorantes. Deus deixa ao homem a escolha do caminho. Se tomar o caminho errado, pior para ele: sua peregrinação será mais longa. Se não existissem montanhas, o homem não perceberia que se pode subir e descer, e se não existissem rochedos, ele não saberia que há corpos duros. É preciso que o espírito adquira experiência, e para isso ele deve conhecer o bem e o mal. Eis por que há a união do espírito ao corpo.

VIDA PLENA

"Tenho cultivado a esperança ou me entrego facilmente ao pessimismo?".

PRECE

Senhor, que ao buscarmos felicidade possamos sonhar com um mundo melhor, mas sem sermos ingênuos a ponto de esquecer que ainda somos imperfeitos; que possamos fazer planos e imaginar muitas alegrias sem esquecer, no entanto, que as tristezas ainda fazem parte dos efeitos daquilo que desejamos no passado. Ensina-nos, Mestre, a construir com mais equilíbrio e serenidade tudo aquilo que pretendemos para o nosso futuro, pois sabemos que ali estará o nosso coração e também a nossa felicidade.

Sexta-feira

Capítulo 5
BEM-AVENTURADOS OS AFLITOS (III)

PERDA DE PESSOAS AMADAS. MORTES PREMATURAS

21. Quando a morte vem ceifar vossas famílias, levando sem a mínima consideração os jovens, antes dos idosos, muitas vezes dizeis: "Deus não é justo, pois sacrifica quem é forte e tem um futuro pela frente, e poupa os que já viveram longos anos cheios de decepções; leva aqueles que são úteis, e deixa os que não servem mais para nada; parte o coração de uma mãe, privando-a da inocente criatura que era a alegria de sua vida".

Criaturas, é nisso que tendes necessidade de vos elevar acima das coisas mundanas, a fim de compreender que muitas vezes o bem está justamente onde só enxergais o mal. A sábia previdência está onde pensais ver uma cega fatalidade. Por que comparar a Justiça Divina com a vossa? Podeis imaginar que o Senhor dos mundos queira, somente por capricho, vos impor penas tão cruéis? Nada se faz sem um propósito inteligente, e, seja o que for que aconteça, tudo tem uma razão de ser. Se analisásseis melhor todas as dores que vos afligem, nelas encontraríeis sempre uma razão divina, regeneradora. Então, vossos interesses mesquinhos mereceriam tão pouca atenção que os relegaríeis ao último plano.

Acreditai em mim! Numa encarnação de apenas vinte

anos, é preferível a morte do que os vergonhosos desregramentos que arrasam famílias honradas, despedaçam o coração de uma mãe e branqueiam os cabelos dos pais, antes do tempo. Muitas vezes, a morte prematura é um grande benefício que Deus concede a quem se vai, e que assim se vê poupado das misérias da vida, ou das seduções que poderiam levá-lo à perdição. Quem morre na flor da idade não é absolutamente vítima da fatalidade. É que Deus julga que não lhe é proveitoso passar mais tempo na Terra.

Muitas vezes dizeis: "Que terrível desgraça uma vida tão cheia de esperanças ser interrompida assim tão cedo!". Mas, de que esperanças estais a falar? Das esperanças da Terra, de onde quem se vai poderia ter brilhado e acumulado fortuna? Sempre a mesma visão estreita que não consegue elevar-se além da matéria! Acaso sabeis qual seria a sorte dessa vida tão cheia de esperanças? Quem vos garante que não seria cheia de amarguras? Levais em tão pouca consideração as esperanças da vida futura que preferis as da vida passageira que arrastais na Terra? Achais, então, que mais vale ocupar uma posição entre os homens do que entre os espíritos bem-aventurados?

Ao invés de vos lamentar, alegrai-vos quando aprouver a Deus retirar desse vale de misérias um de Seus filhos. Não é egoísmo desejar que ele fique apenas para sofrer convosco? Ah! Compreende-se essa dor em quem não tem fé e vê na morte uma separação eterna. Mas vós, espíritas, sabeis que a alma vive melhor livre do seu invólucro corporal! Mães, sabeis que vossos filhos bem-amados estão perto de vós. Sim, estão bem perto! Seus perispíritos vos envolvem, seus pensamentos vos protegem, vossa lembrança os deixa inebriados de alegria! Mas, ao contrário, vossas dores os afligem, porque demonstram falta de fé e revolta contra a vontade de Deus.

Vós que compreendeis a vida espiritual, escutai as palpitações do vosso coração chamando esses entes queridos. E, se pedirdes a Deus que os abençoe, sentireis em vós as poderosas consolações que estancam as lágrimas, as aspirações maravilhosas que vos mostrarão o futuro prometido pelo soberano Senhor (Sansão, antigo membro da Sociedade Espírita de Paris, Paris, 1863).

934. A perda de entes que nos são caros, ainda mais sendo essa perda irreparável e independente da nossa vontade, não está entre as que nos causam uma dor legítima?

- Essa causa de dor atinge tanto o rico como o pobre: é uma prova ou expiação, e a lei comum; mas é uma consolação poder comunicar-se com os amigos pelos meios que tendes, enquanto esperais ter outros mais diretos e mais acessíveis aos vossos sentidos.

925. Por que Deus favorece com os dons da riqueza certos homens que parecem não merecê-los?

- Para quem só considera o presente, é um favor. Fica sabendo, porém, que a riqueza muitas vezes é uma prova mais perigosa do que a miséria.

VIDA PLENA

"Permito que os dissabores governem o leme de meu destino?".

PRECE

Bons espíritos, estejai conosco nos momentos difíceis lembrando-nos que o sofrimento é sempre transitório e que representa para nós a oportunidade de provar nossa fé e nossa fidelidade naquilo que acreditamos.

Sábado

Capítulo 5
BEM-AVENTURADOS OS AFLITOS (IV)

SE FOSSE UM HOMEM DE BEM, TERIA MORRIDO

22. Muitas vezes, ao se referir a um homem mau que escapou de um perigo, dizeis: "Se fosse um homem de bem, teria morrido". Pois bem, ao dizer isso, tendes razão, pois frequentemente Deus dá a um espírito ainda iniciante nos caminhos do progresso uma prova mais longa do que dá a um bom, o qual poderá receber como recompensa por seu mérito a graça de uma prova tão curta quanto possível. Quando pronunciais essa frase, portanto, não imaginais que estais proferindo uma blasfêmia.

Se morre um homem de bem, e na casa ao lado mora um homem mau, logo dizeis: "Antes fosse este". No entanto, estais totalmente errados, pois quem parte concluiu sua tarefa, e quem fica talvez nem a tenha começado. Por que desejaríeis que o mau não tivesse tempo para concluí-la, e o bom ficasse retido no solo terrestre? Que diríeis de um prisioneiro que, tendo cumprido sua pena, ficasse retido na prisão, enquanto dessem liberdade a quem a ela não tivesse direito? Sabei, pois, que a verdadeira liberdade consiste na libertação dos laços físicos, e que, enquanto estiverdes na Terra, estareis em cativeiro.

Habituai-vos, então, a não criticar o que não podeis compreender, e crede que Deus é justo em todas as coisas. Portanto, o que vos parece um mal, muitas vezes é um bem. Ocorre que vossas faculdades são tão limitadas, vossos sentidos são tão obtusos que não captam o conjunto do grande todo. Esforçai-vos por sair dessa condição limitada, pelo pensamento, e então, à medida que vos elevardes, a importância da vida material diminuirá, pois passarais a vê-la apenas como um imprevisto, se comparada a duração infinita de vossa existência espiritual, a única existência verdadeira (Fénelon, Sens, 1861).

O LIVRO DOS ESPÍRITOS

936. De que modo as dores inconsoláveis dos sobreviventes afetam os espíritos que são a causa delas?

- O espírito fica sensibilizado com a lembrança e com a saudade daqueles a quem amou, mas uma dor incessante e desvairada atinge-o pesadamente, porque ele vê, nessa dor excessiva, uma falta de fé no futuro e de confiança em Deus, e, consequentemente, um obstáculo ao adiantamento e talvez à sua reunião com eles.

VIDA PLENA

"Julgo o próximo pelo guarda-roupa ou pela máscara? Sei que a verdade nunca surge com aparências exteriores?".

PRECE

Senhor, que a nossa passagem pela Terra seja útil não só para nós, mas também para àqueles que necessitam de nossa ajuda. Como não sabemos quanto tempo poderemos aqui ficar, que a vossa sábia vontade permita que esse tempo seja empregado na realização das boas obras.

Domingo

Capítulo 5

BEM-AVENTURADOS OS AFLITOS (V)

PROVAS VOLUNTÁRIAS. O VERDADEIRO MARTÍRIO

26. Perguntais se é permitido amenizar as próprias provas. Esse assunto leva a outros: é permitido a quem está se afogando procurar salvar-se? A quem tem um espinho cravado na pele, retirá-lo? A quem está doente, chamar um médico? As provas têm por finalidade exercitar a inteligência, bem como a paciência e a resignação. Um homem pode nascer numa condição penosa e complicada, exatamente para forçá-lo a procurar meios para vencer as dificuldades. O mérito consiste em suportar, sem lamentações, as consequências dos males que não pode evitar; em perseverar na luta; em não se desesperar, se não consegue vencê-las; sem nunca, porém, agir com negligência, o que seria mais preguiça do que virtude.

Essa questão conduz naturalmente a uma outra. Já que Jesus disse: "Bem-aventurados os aflitos", haverá então algum mérito em procurar aflições, agravando as próprias provas com sofrimentos voluntários? A isso responderei com toda a franqueza: *sim*, há um grande mérito quando os sofrimentos e as provações têm como objetivo o bem do próximo, pois significam caridade por meio do sacrifício; *não*, quando os sofrimentos têm como finalidade o benefício próprio, porque aí se trata de fanatismo.

Há, no entanto, uma observação a fazer: contentai-vos

com as provas que Deus vos envia, e não lhes aumenteis a carga, por vezes já bem pesada. Aceitai-as sem lamentações e com fé. É tudo o que Ele vos pede. Não enfraqueçais vosso corpo com privações inúteis e torturas sem sentido, pois tendes necessidade de todas as vossas forças para cumprir a tarefa que vos cabe na Terra. Martirizar voluntariamente vosso corpo é transgredir a Lei de Deus, que vos dá meios para sustentá-lo e fortalecê-lo. É um verdadeiro suicídio enfraquecê-lo sem necessidade. Usai, mas não abuseis: esta é a Lei. O abuso das melhores coisas traz punição, cujas consequências são inevitáveis.

Bem diferente é o caso dos sofrimentos que alguém impõe a si próprio para alívio do próximo. Se suportais frio e fome para aquecer e alimentar quem precisa de agasalho e comida, e se vosso corpo sofre com isso, eis o sacrifício que é abençoado por Deus. Vós que deixais vossos aposentos perfumados para ir ao casabre malcheiroso levar consolo, que sujais vossas mãos delicadas cuidando das feridas, que vos privais do sono para velar à cabeceira de um doente que é somente vosso irmão em Deus, enfim, vós que consumis vossa saúde na prática de boas obras, eis vosso sacrifício, verdadeiro e abençoado sacrifício, pois os prazeres do mundo não endureceram vosso coração. Não adormecestes em meio aos prazeres da fortuna, que enfraquecem moralmente; ao contrário, vos transformastes em anjos consoladores dos pobres abandonados.

Mas quanto a vós, que vos afastais do mundo para evitar as seduções, passando a viver no isolamento, que utilidade tendes na Terra? Onde está vossa coragem nas provações, já que fugis da luta e abandonais o combate? Se quereis um flagelo, martirizai vossa alma, não vosso corpo; mortificai vosso espírito, não vossa carne; fustigai vosso orgulho; suportai as humilhações sem vos lamentar; espezinhai vosso amor-próprio; fortalecei-vos contra a dor da injúria e da calúnia, mais aguda do que a dor física. Eis o verdadeiro sacrifício, cujas feridas resultantes em vós serão contabilizadas, pois atestarão vossa coragem e vossa submissão à vontade de Deus (Um Anjo Guardião, Paris, 1863).

O LIVRO DOS ESPÍRITOS

261. Nas provas pelas quais deve passar para chegar à perfeição, o espírito deve sofrer todo tipo de tentações? Deve passar por todas

as circunstâncias que podem provocar-lhe o orgulho, o ciúme, a avareza, a sensualidade etc.?

- Certamente não, pois sabeis que há espíritos que, desde o início, tomam um caminho que os isenta de muitas provas. Mas aquele que se deixa levar para o mau caminho, arrisca-se a todos os perigos desse caminho. Por exemplo, um espírito pode pedir a riqueza, e esta pode lhe ser concedida. Então, segundo seu caráter, poderá tornar-se avarento ou pródigo, egoísta ou generoso, ou ainda entregar-se a todos os prazeres da sensualidade; mas não significa que deva passar forçosamente por todas essas tendências.

VIDA PLENA

"Procuro me fortalecer para não sucumbir aos obstáculos do caminho?".

PRECE

Senhor, que possamos escolher sempre o caminho da porta estreita.

Segunda-feira

Capítulo 5

BEM-AVENTURADOS OS AFLITOS (VI)

DEVE-SE PÔR UM FIM ÀS PROVAS DO PRÓXIMO?

27. ***Deve-se pôr um fim às provas do próximo, se isso for possível, ou deve-se deixá-las seguir seu curso, por respeito aos desígnios de Deus?***

Temos repetido várias vezes que estais neste planeta de expiação para concluir vossas provas, e que tudo o que vos acontece é uma consequência de vossas existências anteriores. São como parcelas de uma dívida que tendes de pagar. Mas essa idéia provoca em algumas pessoas reflexões que devemos combater, pois poderiam ter consequências desastrosas.

Alguns pensam que, a partir do momento em que se está na Terra para expiar, é preciso que as provas sigam seu curso. Existe até quem chegue a achar que não só devemos deixar de fazer algo para atenuá-las, mas também devemos contribuir para torná-las ainda mais vigorosas, a fim de que sejam mais proveitosas. Isso é um grande erro, pois as provas devem seguir o curso traçado por Deus. Porventura, conheceis qual é esse curso? Acaso sabeis até que ponto ele deve ir, e se vosso Pai Misericordioso não disse ao sofrimento de vosso irmão: "Não irás mais adiante!"? Acaso sabeis se Ele vos escolheu, não como instrumento de tortura, a fm de agravar o sofrimento do culpado, mas como bálsamo consolador que deve cicatrizar as feridas abertas?

Por isso, quando virdes um de vossos irmãos ferido, não digais: "É a justiça de Deus! Ela deve seguir seu curso". Dizei, o contrário: "Vejamos que meios nosso Pai Misericordioso colocou ao meu alcance para que eu possa amenizar o sofrimento de meu irmão. Vejamos se meu conforto moral, meu apoio material, meus conselhos, não conseguirão ajudá-lo a superar essa prova com mais força, paciência e resignação. Vejamos se Deus não me colocou nas mãos a possibilidade de acabar com esse sofrimento. Se não me foi concedida, talvez como prova ou como expiação, a possibilidade de afastar o mal e pôr no seu lugar a paz".

Desse modo, ajudai-vos sempre em vossas respectivas provações, e jamais vos considereis instrumentos de tortura. Esse pensamento deve indignar todo homem de boa vontade, principalmente os espíritas, pois estes, mais do que quaisquer outros, devem compreender a extensão infinita da bondade de Deus. O espírita deve pensar que toda a sua vida precisa ser um ato de amor e de devotamento, e que, faça o que fizer para contrariar as decisões do Senhor, a Justiça Divina seguirá seu curso. O homem pode, portanto, sem qualquer receio, empregar todos os seus esforços para atenuar o amargor da expiação, mas somente Deus pode detê-la ou prolongá-la, conforme julgar oportuno.

Não haveria um enorme orgulho por parte do homem ao se achar no direito de revolver, por assim dizer, o punhal dentro do ferimento? De aumentar a dose de veneno no coração de quem está sofrendo, sob o pretexto de que tal é sua expiação? Oh! Considerai-vos sempre um instrumento indicado para fazê-la cessar. Resumindo: estais todos na Terra para expiar. Mas todos, sem exceção, deveis vos esforçar ao máximo para amenizar a expiação dos vossos irmãos, segundo a Lei do Amor e Caridade (Bernardin, espírito protetor, Bordéus, 1863).

O LIVRO DOS ESPÍRITOS

262. Como o espírito que, na sua origem, é simples, ignorante e sem experiência, pode escolher uma existência com conhecimento de causa, e ser responsável por essa escolha?

- Deus compensa-lhe a inexperiência traçando-lhe o caminho que deve seguir, como fazeis com uma criança desde o berço. Porém, pouco a pouco, à medida que seu livre-arbí-

trio se desenvolve, deixa-o escolher livremente, e é então que muitas vezes ele se desvia, tomando o mau caminho, se não escutar os conselhos dos bons espíritos. Aí está o que se pode chamar de queda do homem.

262a. Quando o espírito goza do seu livre-arbítrio, a escolha da existência corporal sempre depende exclusivamente da sua vontade, ou essa existência pode ser-lhe imposta pela vontade de Deus como expiação?

- Deus sabe esperar: não apressa a expiação, mas pode impor uma existência a um espírito quando este, por sua inferioridade ou por má vontade, não é capaz de compreender o que lhe poderia ser mais benéfico, e quando vê que essa existência pode ser útil à purificação e ao progresso do espírito, servindo-lhe ao mesmo tempo de expiação.

VIDA PLENA

"Em relação aos outros, confio na simplicidade ou deixo que a indiferença esfrie as possibilidades do amor?".

PRECE

Amado Pai, fazei de nós os instrumentos da vossa misericórdia afastando de nós o egoísmo que nos torna indiferentes ao sofrimento alheio, a timidez que nos impede de ser úteis àqueles que sofrem; que ao olharmos ao nosso redor possamos enxergar sempre a figura do próximo, principalmente aqueles a quem, quase sempre, julgamos erroneamente nunca estarem precisando de nossa ajuda.

Terça-feira

Capítulo 5
BEM-AVENTURADOS OS AFLITOS (VII)

É PERMITIDO ABREVIAR A VIDA DE UM DOENTE QUE SOFRE SEM ESPERANÇA DE CURA?

28. ***Um homem está agonizando, vítima de cruéis sofrimentos. Sabe-se que seu estado é desesperador. Será justo poupar-lhe alguns instantes de agonia, apressando-lhe o fim?***

Quem, pois, vos daria o direito de prejulgar os desígnios de Deus? Acaso o Senhor não pode levar um homem à beira do abismo, para de lá retirá-lo, a fim de fazê-lo voltar-se a si mesmo, levando-o a pensar de modo diferente? Mesmo que um moribundo esteja em extrema agonia, ninguém pode afirmar com certeza absoluta que sua hora final tenha chegado. Será que a ciência nunca falhou em suas previsões?

Bem sei que há casos que, com razão, podemos considerar desesperadores. Mas, se não há nenhuma esperança de retorno definitivo à vida e à saúde, não existem também inúmeros exemplos de que, no momento do último suspiro, o doente se reanima e recupera a lucidez por alguns instantes? Pois bem, essa graça que lhe é concedida pode ser muito importante para ele, pois ignorais as reflexões que seu espírito pôde fazer nos momentos finais da agonia, e quantos tormentos um instante de arrependimento pode poupar-lhe.

O materialista que vê somente o corpo, e não leva em conta

a existência da alma, não consegue compreender isso, mas o espírita, que sabe o que acontece no Além-túmulo, não ignora o valor do derradeiro pensamento. Amenizai os últimos sofrimentos o quanto puderdes, mas guardai-vos de abreviar a vida, por um minuto que seja, pois esse minuto pode evitar muitas lágrimas no futuro! (São Luís, Paris, 1860).

O LIVRO DOS ESPÍRITOS

263. O espírito faz sua escolha imediatamente após a morte?

- Não, muitos acreditam na perpetuidade das penas. Já vos foi dito: é um castigo.

264. Que é que orienta o espírito na escolha das provas por que quer passar?

- Ele escolhe as que possam servir-lhe de expiação em razão da natureza das suas faltas, e que possam fazer com que progrida mais depressa. Uns podem, assim, impor a si mesmos uma vida de miséria e privações, para tentar suportá-la com coragem; outros podem desejar pôr-se à prova através das tentações da fortuna e do poder, bem mais perigosas devido aos desmandos e ao mau uso que deles se pode fazer, e pelas más paixões que desenvolvem; outros, finalmente, querem pôr-se à prova nas lutas que têm de sustentar em contato com o vício.

VIDA PLENA

"O céu tem horários para a luz e para a sombra. O que tenho aprendido sobre isso?".

PRECE

Senhor, que possamos estar lúcidos e tranquilos diante das nossas provas, bem como as dos nossos semelhantes. Que possamos suportá-las com dignidade, lembrando-nos de ser humildes e resignados.

Quarta-feira

Capítulo 5
BEM-AVENTURADOS OS AFLITOS (VIII)

SACRIFÍCIO DA PRÓPRIA VIDA

29. ***Alguém que esteja descontente com a vida, mas não tem coragem de suicidar-se, será culpado se procurar a morte num campo de batalha, com a intenção de tornar essa morte útil?***

Quer o homem se mate ou faça com que o matem, o objetivo é sempre abreviar a vida, havendo, portanto, um suicídio intencional, ainda que não praticado. A idéia de que sua morte servirá para alguma coisa é ilusória, não passando de um pretexto para justificar seu ato e desculpá-lo aos próprios olhos. Se realmente tivesse desejo de servir à sua pátria, trataria de viver para defendê-la, e não de morrer, pois, uma vez morto, não lhe serve mais para nada. O verdadeiro devotamento consiste em não temer a morte, quando se trata de ser útil, enfrentar o perigo e oferecer o sacrifício da vida, sem temer, se necessário for. Contudo, a intenção premeditada de procurar a morte, expondo-se a um perigo, ainda que para prestar serviço, anula o mérito da ação (São Luís, Paris, 1860).

30. ***Um homem expõe-se a um perigo iminente para salvar a vida de um semelhante, sabendo de antemão que morrerá. Isso pode ser considerado um suicídio?***

Desde que não exista a intenção de procurar a morte, não há suicídio, e sim devotamento e abnegação, mesmo que se tenha certeza de que se vai morrer. Mas quem pode ter essa certeza? Quem garante que a Providência não reserva um inesperado meio de salvação, no momento mais crítico? Não pode Ela inclusive salvar alguém que esteja na mira certeira de um canhão? Muitas vezes, pode querer estender a prova de resignação às últimas consequências, quando então uma circunstância inesperada desvia o golpe fatal (São Luís, Paris, 1860).

PROVEITO DOS SOFRIMENTOS PARA O PRÓXIMO

31. ***Aqueles que aceitam o sofrimento resignadamente, por obediência à vontade de Deus e visando à sua felicidade futura, não trabalham apenas para si mesmos? Podem eles tornar seus sofrimentos proveitosos aos outros?***

Esses sofrimentos podem ser úteis aos outros, material e moralmente. Materialmente, quando contribuem para o bem-estar de seus semelhantes, pelo trabalho, pelas privações e pelos sacrifícios que impõe a si mesmo. Moralmente, pelo exemplo que dão de sua submissão à vontade de Deus. Esse exemplo do poder da fé espírita pode incitar infelizes à resignação; pode salvá-los do desespero e de suas trágicas consequências para o futuro (São Luís, Paris, 1860).

O LIVRO DOS ESPÍRITOS

265. Se alguns espíritos escolhem o contato com o vício como prova, não há os que o escolhem por afinidade e pelo desejo de viver num meio adequado aos seus gostos, ou para poder entregar-se fisicamente a suas inclinações materiais?

- Há, com certeza, mas só acontece com aqueles cujo senso moral é ainda pouco desenvolvido; a provação vem a partir da própria prova, e eles a sofrem por mais tempo. Cedo ou tarde compreendem que a satisfação das paixões brutais tem consequências deploráveis, que sofrerão durante um tempo que lhes parecerá eterno; e Deus poderá deixá-los nesse estado até que tenham compreendido sua falta e eles mesmos peçam para resgatá-la mediante provas benéficas.

266. Não parece lógico escolher as provas menos difíceis?

- Para vós, sim; para o espírito, não. Logo que se desliga da matéria, a ilusão cessa, e ele pensa de outra forma.

VIDA PLENA

"Que proveito posso tirar de uma aflição?".

PRECE

Pai de infinita bondade, protegei-nos contra o sentimento de revolta diante dos momentos difíceis. Fazei-nos enxergar que eles nos são úteis no fortalecimento do nosso caráter e no resgate de nossas faltas.

Quinta-feira

Capítulo 7

BEM-AVENTURADOS OS POBRES DE ESPÍRITO

INSTRUÇÕES DOS ESPÍRITOS

MISSÃO DO HOMEM INTELIGENTE NA TERRA

13. Não vos orgulheis do que sabeis, porque esse saber tem limites bem demarcados no mundo que habitais. Mesmo supondo que sois uma dessas inteligências notáveis deste mundo, não tendes o menor direito de vos envaidecer por isso. Se Deus, em Seus desígnios, vos fez nascer num meio onde pudestes desenvolver vossa inteligência, é porque Ele quer que façais uso dela para o bem de todos. É uma missão que vos dá, pondo em vossas mãos o instrumento com ajuda da qual podereis desenvolver as inteligências mais atrasadas e conduzi-las a Ele. A espécie do instrumento não indica o uso que se deve fazer dele? A pá que o jardineiro põe nas mãos de seu auxiliar não lhe mostra que ele deve cavar? E que diríeis se esse auxiliar, em vez de trabalhar, levantasse a pá para golpear o seu mestre? Diríeis que é horrível, e que ele merece ser mandado embora. Pois bem, não acontece o mesmo com quem usa sua inteligência para destruir a idéia de Deus e da Providência entre seus irmãos? Acaso não levanta contra seu mestre a pá que lhe foi dada para cultivar o terreno? Será que ele tem direito ao salário prometido, ou merece ser expulso do jardim? Ele o será, não duvideis! E viverá existências miseráveis e cheias de humilhações, até que se curve diante Daquele a quem tudo deve.

A inteligência é rica em méritos para o futuro, desde que dela se faça bom uso. Se todos os homens dotados de inteligência a usassem conforme os desígnios de Deus, seria fácil para os espíritos a tarefa de fazer a humanidade progredir. Infelizmente, muitos fazem dela um instrumento de orgulho e de perdição para si mesmos. O homem faz mau uso de sua inteligência como de todas as suas outras faculdades, e, no entanto, não lhe faltam lições para adverti-lo de que uma poderosa mão pode lhe tirar aquilo que lhe deu (FERDINANDO, espírito protetor, Bordéus, 1862).

O LIVRO DOS ESPÍRITOS

573. Em que consiste a missão dos espíritos encarnados?

- Instruir os homens, ajudá-los a progredir, melhorar suas instituições por meios diretos e materiais. Porém, há missões mais gerais e importantes do que outras. Tudo se encadeia na natureza. Ao mesmo tempo que o espírito se depura pela encarnação, ele contribui, como encarnado, para o cumprimento dos desígnios da Providência. Cada um tem sua missão neste mundo, porque todos podem ser úteis para alguma coisa.

VIDA PLENA

"Acredito em elogios que emprestam a mim qualidades imaginárias?".

PRECE

Senhor, que possamos ser inspirados pela vossa infinita sabedoria cada vez que nossa inteligência for solicitada; que através dela possamos cumprir somente aquilo que for da vossa vontade e nunca para obedecer os desejos da nossa vaidade e daqueles que nos incitam ao mal.

Sexta-feira

Capítulo 8

BEM-AVENTURADOS OS PUROS DE CORAÇÃO

BEM-AVENTURADOS OS QUE TÊM OS OLHOS FECHADOS[1]

20. Meus bons amigos, me chamastes por quê? Será para me pedir que eu imponha as mãos sobre esta pobre sofredora que aqui está, a fim de curá-la? Ah! Que sofrimento, bom Deus! Pobre criança, perdeu a visão e as trevas se fizeram para ela. Que ore e espere, pois não sei fazer milagres sem a vontade do bom Deus! Todas as curas que obtive, e que vos foram anunciadas, devem ser atribuídas somente àquele que é nosso Pai. Em vossas aflições, olhai sempre para o Céu e dizei do fundo do vosso coração: "Meu Pai, curai-me, mas fazei com que minha alma seja curada antes de meu corpo; que minha carne seja castigada, se preciso for, para que minha alma se eleve até vós com a alvura que possuía quando a criastes".

Meus bons amigos, depois dessa prece que o bom Deus está sempre disposto a ouvir, vos serão dadas força e coragem, e quem sabe até a cura, que tão timidamente pedistes como recompensa por vossa abnegação. E já que estou aqui numa reunião destinada principalmente aos estudos, eu vos direi que os que são privados da visão deveriam considerar-se os bem-aventurados da expiação. Lembrai-vos de que o Cristo disse que deveríeis arrancar vosso olho, se ele fosse a causa do mal, e

1 Esta comunicação foi dada com relação a uma pessoa cega, em favor de quem se evoca o espírito de João Batista Vianney, cura de Ars.

que melhor seria que ele fosse lançado ao fogo do que permitir que se tornasse motivo de vossa perdição.

Quantos existem na Terra que um dia, entre as trevas, amaldiçoarão terem visto a luz! Oh! Como são felizes os que durante a expiação são atingidos na visão! Sem dúvida, seu olhar não será mais motivo de escândalo e de queda. Eles podem viver unicamente uma vida espiritual; podem ver mais do que vós, que enxergais bem... Quando Deus permite que eu vá abrir as pálpebras de um desses pobres sofredores e restituir-lhe a luz, digo a mim mesmo: "Alma querida, por que não conheces todas as alegrias do espírito, que vive de contemplação e amor? Se assim fosse, não pedirias para ver imagens menos puras e delicadas do que as que te é permitido entrever na tua cegueira".

Oh! Sim, bem-aventurado o cego que quer viver com Deus. Mais afortunado do que vós, que estais aqui, ele sente a felicidade, pode tocá-la, vê as almas e pode lançar-se com elas nas esferas espirituais, que nem mesmo os predestinados da Terra conseguem ver. Olhos abertos estão sempre prontos a fazer a alma fraquejar. Olhos fechados, ao contrário, estão sempre dispostos a fazê-la elevar-se a Deus. Acreditai em mim, meus bons e caros amigos, a cegueira dos olhos é muitas vezes a verdadeira luz do coração, ao passo que, quase sempre, a visão é o anjo tenebroso que conduz à morte.

E agora, algumas palavras para ti, minha pobre sofredora. Espera e tem coragem! Se eu te dissesse: "Minha filha, teus olhos se abrirão", como ficarias alegre! Mas quem sabe se essa alegria não causaria a tua desgraça? Portanto, tem confiança no bom Deus, que criou a felicidade e permitiu a tristeza. Farei por ti tudo o que me for permitido. Mas, por tua vez, ora e, principalmente, pensa em tudo o que acabo de te dizer.

Antes que eu me vá, recebei, todos vós que estais aqui, a minha bênção (VIANNEY, cura de Ars, Paris, 1863).

21. *Nota:* Quando uma aflição não é consequência dos atos da vida presente, deve-se procurar sua causa numa vida anterior. O que chamamos de caprichos da sorte nada mais são que os efeitos da justiça de Deus. Ele não impõe, de forma alguma, punições arbitrárias. Ao contrário, quer que exista sempre uma correlação entre a falta e a pena. Contudo, se na Sua bondade Ele lançou

um véu sobre nossos atos passados, mostra-nos o caminho, ao dizer: "Quem matou pela espada, pela espada perecerá". Essas palavras podem ser interpretadas assim: "Sempre se é punido do mesmo modo como se pecou". Se, pois, alguém está atormentado pela perda da visão, é porque a visão foi para ele um motivo de pecado. É possível também que ele tenha sido a causa da perda de visão de um outro. Talvez esse outro tenha ficado cego pelo excesso de trabalho que ele lhe impôs, ou em consequência de maus tratos, de falta de cuidados etc. E então sofre-se a pena de talião. Em seu arrependimento, ele próprio pode ter escolhido essa expiação, aplicando a si mesmo estas palavras de Jesus: "Se teu olho é para ti motivo de escândalo, arranca-o!".

O LIVRO DOS ESPÍRITOS

998. A expiação se realiza no estado corporal ou no estado espiritual?

- A expiação se cumpre durante a existência corporal, por meio das provas a que o espírito é submetido, e na vida espiritual, pelos sofrimentos morais próprios do estado de inferioridade do espírito.

999. Basta o arrependimento sincero durante a vida para apagar as faltas e contar com a indulgência de Deus?

- O arrependimento contribui para o aperfeiçoamento do espírito, mas o passado deve ser expiado.

999a. A partir disso, se um criminoso dissesse que, uma vez que, seja como for, terá que expiar seu passado e então não precisa arrepender-se, qual seria a consequência disso para ele?

- Se se obstinar na idéia do mal, sua expiação será mais longa e dolorosa.

VIDA PLENA

"Excelente visão é qualidade louvável. Todavia, como estou vendo a vida?".

PRECE

Deus, Pai de infinita bondade, que saibamos valorizar os recursos que nos deste para viver e recuperar o tempo perdido com ações menos dignas; que os nossos membros sejam sempre ferramentas de trabalho para o bem e que jamais voltem a ser motivo de escândalo.

Sábado

Capítulo 10

BEM-AVENTURADOS OS MISERICORDIOSOS (I)

Instruções dos Espíritos

PERDÃO DAS OFENSAS

Perdoai, pois, meus amigos, para que Deus vos perdoe, porque se fordes duros, exigentes, inflexíveis e intransigentes, mesmo diante de uma pequena ofensa, como quereis que Deus Se esqueça de que a cada dia tendes mais necessidade de perdão? Ah! Infeliz daquele que diz: "Nunca perdoarei", pois está pronunciando sua própria condenação. Além do mais, quem sabe se, analisando vosso íntimo, não descobrireis que fostes o agressor? Quem sabe se, nessa luta que começa com uma alfinetada e acaba em rompimento, não fostes vós a dar o primeiro golpe; se não deixastes escapar uma palavra ofensiva; se usastes de toda a moderação necessária? Sem dúvida, vosso adversário está errado ao mostrar-se excessivamente melindroso, mas esse é um bom motivo para serdes indulgentes, a fim de não merecerdes a censura que vos foi endereçada. Admitamos que realmente fostes o ofendido em determinada circunstância: quem garante que não envenenastes a situação com represálias, e que não transformastes em disputa séria o que poderia facilmente ter caído no esquecimento? Se dependia de vós impedir as consequências dessa discórdia, e nada fizestes, sois culpado. Admitamos, finalmente, que nenhum motivo tendes para vos censurar; nesse caso então, mostrando-vos clementes, aumentareis vosso mérito.

Mas existem duas maneiras bem diferentes de perdoar: há o perdão dos lábios e o perdão do coração. Muitas pessoas, ao se referirem a um adversário, dizem: "Perdôo-lhe", mas interiormente sentem um prazer secreto pelo mal que lhe acontece, dizendo consigo mesmo que ele teve o que mereceu. Quantos dizem: "Eu perdôo", e acrescentam: "mas não me reconciliarei jamais; nunca mais quero vê-lo". É esse o perdão que o ***Evangelho*** ensina? Não! O verdadeiro perdão, o perdão cristão, é aquele que lança um véu sobre o passado; é o único que será levado em conta, pois Deus não Se limita às aparências: Ele sonda o fundo dos corações e os pensamentos mais secretos. Ninguém O ilude com palavras e aparências vãs. O esquecimento total e absoluto das ofensas é próprio das grandes almas. O rancor é sempre um sinal de mesquinhez e de inferioridade. Não vos esqueçais de que o verdadeiro perdão se reconhece muito mais pelos atos do que pelas palavras (Paulo, apóstolo, Lyon, 1861).

O LIVRO DOS ESPÍRITOS

1000. Podemos, desde esta vida, resgatar nossas faltas?

- Sim, reparando-as. Mas não penseis que as resgatais com algumas privações insignificantes, ou deixando doações para depois da vossa morte, quando então não precisareis de nada. Deus não dá o menor valor ao arrependimento estéril, sempre fácil, que exige apenas o esforço de se bater no peito. A perda de um dedo mínimo, quando se está prestando um serviço, apaga mais faltas do que o suplício da carne suportado durante anos com um fim exclusivamente pessoal.

Só se repara o mal com o bem, e a reparação não tem mérito algum se não atinge o homem nem no seu orgulho, nem nos seus interesses materiais. De que lhe serve, para justificar-se, restituir após a morte os bens mal obtidos, quando deles se aproveitou e agora se tornam inúteis. De que lhe serve a privação de alguns prazeres fúteis e de algumas coisas supérfluas, se o dano que causou aos outros permanece inalterado? De que lhe serve, enfim, humilhar-se perante Deus, se diante dos homens conserva seu orgulho?

VIDA PLENA

"Penso muito antes de uma discussão? Lembro-me de que o discutidor, por vezes, não passa de estouvado?".

PRECE

Pai amado, que estas palavras do apóstolo Paulo estejam sempre em nossas reflexões, sobretudo aquelas que nos ensinam que perdoar é pedir perdão para nós mesmos; que possamos aprender a perdoar com o coração, pois é dele que sai de nós aquilo que é mais verdadeiro.

Domingo

Capítulo 10
BEM-AVENTURADOS OS MISERICORDIOSOS (II)

Instruções dos Espíritos
A INDULGÊNCIA

16. Espíritas, hoje queremos vos falar sobre a indulgência, esse sentimento tão doce e fraternal que todo homem deveria ter para com seus irmãos, mas que bem poucos põem em prática.

A indulgência jamais vê os defeitos alheios, ou, se os vê, evita falar deles e divulgá-los. Ao contrário, oculta-os para que ninguém os conheça. E se a malevolência os descobre, sempre tem uma desculpa pronta para amenizá-los, ou melhor, uma desculpa plausível, séria, não aquelas que, aparentando atenuar a falta, a evidenciam com uma maldosa habilidade.

A indulgência jamais se ocupa com os maus atos alheios, a menos que seja para prestar um serviço. Ainda assim, tendo o cuidado de atenuá-los o máximo possível. Não faz qualquer observação que cause escândalo; não tem censuras nos lábios; só dá conselhos, e na maioria das vezes velados. Quando criticais, que conclusão se deve tirar de vossas palavras? A conclusão de que vós não teríeis feito aquilo que reprovais, e que valeis mais do que o culpado. Ó, homens! Quando será que julgareis vossos próprios corações, vossos próprios pensamentos, vossos próprios atos, sem vos precupar com o que vossos irmãos fazem? Quando será que olhareis com severidade apenas para vós mesmos?

Sede, portanto, severos para convosco e indulgentes para com os outros. Pensai n'Aquele que julga em última instância, que vê os pensamentos secretos de cada coração, e que, por conseguinte, muitas vezes perdoa as faltas que censurais, ou condena as que desculpais, pois sabe o motivo de todos os atos, e sabe que vós – que gritais bem alto: "Maldito!" – talvez tenhais cometido faltas muito mais graves.

Sede indulgentes, meus amigos, pois a indulgência agrada, acalma e corrige, ao passo que o rigor desencoraja, afasta e irrita (JOSÉ, espírito protetor, Bordéus, 1863).

O LIVRO DOS ESPÍRITOS

193. Em suas novas existências, um homem pode descer mais baixo do que estava na atual?

- *Com relação à* posição social, *sim; como Espírito, não.*

194. A alma de um homem de bem pode, numa nova encarnação, animar o corpo de um bandido?

- *Não, uma vez que ela não pode degenerar.*

194a. A alma de um homem perverso pode vir a ser a de um homem de bem?

- *Sim, se ele se arrepender, e então é uma recompensa.*

VIDA PLENA

"Tenho criticado as pessoas gentis que parecem insinceras, à primeira vista? Não estarão elas, possivelmente, evitando enormes crimes ou grandes desânimos?".

PRECE

Senhor, livrai-nos da tentação da crítica, lembrando-nos de que poderíamos estar no lugar daquele a quem julgamos; que, nesses momentos, a nossa consciência possa nos estimular a crítica a nós mesmos e assim compreendermos e aceitarmos os erros alheios.

Segunda-feira

Capítulo II
AMAR AO PRÓXIMO COMO A SI MESMO

Instruções dos Espíritos
O EGOÍSMO

12. Se os homens se amassem uns aos outros, a caridade seria melhor praticada. Mas, para isso, seria preciso que vos esforçásseis no sentido de livrar vossos corações da couraça que os envolve, a fim de torná-los mais sensível ao sofrimento do próximo. A indiferença acaba com os bons sentimentos. Jesus nunca Se aborrecia com aquele que se dirigia a Ele. Quem quer que fosse, nunca era repelido: tanto a mulher adúltera, como o criminoso, eram socorridos por Ele, que não temia que Sua reputação viesse a sofrer por causa disso. Quando, pois, O tomareis por modelo de todas as vossas ações? ***Se a caridade reinasse na Terra, o mal não teria mais poder; fugiria envergonhado e se esconderia, pois se sentiria deslocado.*** O mal então desapareceria. Convencei-vos muito bem disso.

Começai por dar o exemplo a vós mesmos. Sede caridosos para com todos, sem distinção. Esforçai-vos para não dar atenção a quem vos olha com desprezo, e deixai aos cuidados de Deus a aplicação da justiça, pois todos os dias, no Seu Reino, Ele separa o joio do trigo.

O egoísmo é a negação da caridade. Ora, sem a caridade não haverá paz de espírito na sociedade. E digo mais: não haverá segurança. Com o egoísmo e o orgulho, que andam de mãos dadas, haverá sempre uma competição para ver quem é mais esperto; uma luta de interesses em que as mais nobres afeições são espezinhadas; em que sequer os sagrados laços familiares são respeitados (PASCAL, Sens, 1862).

O LIVRO DOS ESPÍRITOS

917. Qual é o meio de destruir o egoísmo?

- De todas as imperfeições humanas, a mais difícil de erradicar é o egoísmo, porque se deve à influência da matéria de que o homem, ainda demasiado próximo da sua origem, não conseguiu libertar-se, e tudo contribui para alimentar essa influência: suas leis, sua organização social, sua educação. O egoísmo se enfraquecerá com a ascendência da vida moral sobre a vida material, e principalmente com a compreensão que o espiritismo vos dá do vosso estado futuro real, e não deturpado por ficções alegóricas. Bem compreendido, e quando estiver identificado com os costumes e as crenças, o espiritismo transformará os hábitos, os usos, as relações sociais. O egoísmo se funda na importância da personalidade; ora, o espiritismo bem compreendido, repito, faz com que se veja as coisas de tão alto que a percepção da personalidade desaparece, por assim dizer, diante da imensidão. Ao destruir essa importância, ou, pelo menos, limitando-a ao que realmente é, ele fatalmente combate o egoísmo.

É o choque provocado pelo egoísmo alheio que muitas vezes torna o homem egoísta, porque ele sente necessidade de ficar na defensiva. Ao ver que os outros pensam em si mesmos e não nele, o homem é levado a preocupar-se mais consigo do que com os outros. Se o princípio da caridade e da fraternidade for a base das instituições sociais, das relações legais de povo para povo e de homem para homem, este pensará menos em sua pessoa quando vir que outros já pensaram nisso; ele sentirá a influência moralizadora do exemplo e da convivência. Diante do atual excesso de egoísmo, é necessária uma grande virtude para renunciar à própria personalidade em proveito dos outros, que muitas vezes nem sequer agradecem. É principalmente a esses que possuem essa virtude que o

reino dos Céus está aberto. É a eles, principalmente, que está reservada a felicidade dos eleitos, pois em verdade vos digo que, no dia da justiça, todo aquele que tiver pensado somente em si será posto de lado, e sofrerá pelo abandono.

Fénelon

VIDA PLENA

"Diante do erro, ajo como um irmão que estuda o processo de amparar ou como adversário que observa os recursos de ferir?".

PRECE

Bom Deus, que a nossa existência atual possa ser marcada pelo esforço de nos livrarmos dos sentimentos inferiores que nos tornam egoístas; que possamos sempre procurar anular essa fraquezas buscando sentimentos superiores como o perdão, a aceitação e a humildade.

Terça-feira

Capítulo 12
AMAI OS VOSSOS INIMIGOS (I)

2. Se amardes somente os que vos amam, que mérito haveria nisso, já que as pessoas de má vida também amam aqueles que as amam? Se só fizerdes o bem aos que vos fazem, que mérito haveria nisso, uma vez que as pessoas de má vida fazem a mesma coisa? E se prestardes favores apenas àqueles de quem esperais receber o mesmo, que mérito haveria nisso, já que as pessoas de má vida também colaboram entre si para receber a mesma vantagem? Mas, quanto a vós, amai vossos inimigos; fazei o bem a todos; e emprestai sem nada esperar. Então, vossa recompensa será muito grande, e sereis filhos do Altíssimo, porque Ele é bom com os ingratos, e até mesmo com os maus. Sede, pois, misericordiosos como o vosso Deus! (Lucas, 6:32-36).

Instruções dos espíritos

O ódio

10. Amai-vos uns aos outros e sereis felizes. Esforçai-vos por amar aqueles que vos inspiram indiferença, ódio e desprezo. Jesus, que deveis tomar como modelo, vos deu o exemplo desse devotamento. Missionário do amor, amou a ponto de dar seu sangue e sua vida. O sacrifício de amar aqueles que vos ofendem e perseguem é penoso, mas é exatamente o que vos torna superiores a eles. Se os odiais como eles vos odeiam, não

valeis mais do que eles. Amá-los, eis a hóstia imaculada oferecida a Deus no altar dos vossos corações; hóstia de agradável aroma, cujos perfumes se elevam até Ele. Embora a Lei do Amor mande que amemos indistintamente a todos os nossos irmãos, ela não resguarda o coração contra os maus procedimentos. É, ao contrário, a mais difícil das provas, eu sei, já que durante minha última existência terrena passei por essa tortura. Mas Deus existe, e pune nesta vida e na outra aqueles que transgridem a Lei do Amor. Não vos esqueçais, meus queridos filhos, que o amor nos aproxima de Deus e que o ódio nos afasta Dele (FÉNELON, Bordéus, 1861).

O LIVRO DOS ESPÍRITOS

939. Uma vez que os espíritos afins são levados a unir-se, como é que, entre os espíritos encarnados, frequentemente há afeição só de um lado, e que o mais sincero amor é recebido com indiferença, e até com repulsa? Além disso, como se explica que a mais viva afeição de dois seres possa transformar-se em antipatia, e às vezes em ódio?

- Então não compreendes que é uma punição, embora passageira? Depois, quantos há que acreditam amar perdidamente, porque julgam apenas pelas aparências, e, quando são obrigados a viver com as pessoas, não tardam a reconhecer que tudo não passava de atração física! Não basta estar apaixonado por uma pessoa que vos agrada e em quem vedes belas qualidades; é vivendo realmente com ela que podereis avaliá-la. Quantas uniões também há que a princípio parecem que jamais serão harmoniosas, e depois de ambos se conhecerem e se estudarem acabam por amar-se com um amor terno e duradouro, porque se assenta na estima! Não se deve esquecer que é o espírito que ama e não o corpo, e quando a ilusão material se dissipa, o espírito vê a realidade.

Há duas espécies de afeição: a do corpo e a da alma, e frequentemente confundimos uma com a outra. A afeição da alma, quando é pura e baseada na afinidade, é duradoura; a do corpo é perecível. Eis por que muitas vezes os que pensavam amar-se com um amor eterno se odeiam quando a ilusão se desfaz.

VIDA PLENA

"Meu desejo sincero de paz pode garantir tranquilidade no caminho?".

PRECE

Bom Deus, que possamos estar sempre em sintonia com as vossas leis sábias e generosas, sobretudo aquela que nos ensina a perdoar e amar aqueles que não nos amam e que nos fazem o mal. Aprendemos que essa é uma necessidade natural da qual somos constantemente beneficiados, pois ainda erramos muito e sempre estamos sendo perdoados pela vossa misericórdia.

Quarta-feira

Capítulo 12

AMAI OS VOSSOS INIMIGOS (II)

Instruções dos Espíritos

O DUELO

15. O homem afortunado que, por uma palavra ofensiva, um motivo fútil qualquer, arrisca a própria vida e a de seu semelhante, que pertencem somente a Deus, é cem vezes mais culpado do que um infeliz que, levado pela ambição ou pela necessidade, invade uma casa para roubar aquilo que cobiça e mata quem tenta impedi-lo, pois este último quase sempre tem apenas precárias noções do bem e do mal, ao passo que o duelista, na maioria das vezes, pertence à uma classe mais esclarecida. De fato, um mata brutalmente, e o outro com estratégia e astúcia, o que faz com que a sociedade o perdoe. Acrescento ainda que o duelista é infinitamente mais culpado do que o infeliz que, movido por um sentimento de vingança, mata num momento de raiva, pois o duelista não tem como desculpa o arrebatamento da paixão, já que entre o insulto e a reparação sempre há tempo suficiente para refletir. Ele age com premeditação, calculando friamente e, com maior precisão, de que forma eliminará o adversário. É bem verdade que ele também arrisca a vida, e é isso que justifica o duelo aos olhos da sociedade, que considera essa prática um ato de coragem e desapego à própria vida. Mas existirá verdadeira coragem quando se

está seguro de si? O duelo, remanescente dos tempos bárbaros em que a lei era ditada pelo mais forte, desaparecerá quando houver uma avaliação mais criteriosa do verdadeiro ponto de honra, e à medida que o homem tiver uma fé mais fervorosa na vida futura (SANTO AGOSTINHO, Bordéus, 1861).

O LIVRO DOS ESPÍRITOS

300. Uma vez reunidos, dois espíritos perfeitamente harmonizados ficam eternamente unidos, ou podem separar-se e unir-se a outros espíritos?

- ***Todos os espíritos são unidos entre si; refiro-me aos que atingiram a perfeição. Nas esferas inferiores, quando um espírito se eleva, sua compatibilidade com os que ficaram para trás não é mais a mesma.***

301. Dois espíritos que têm afinidade são complemento um do outro, ou a simpatia entre eles é resultado de uma perfeita identidade?

- ***A simpatia que atrai um espírito a outro é resultado da perfeita concordância das suas inclinações, dos seus instintos. Se um devesse completar o outro, perderia sua individualidade.***

302. A concordância necessária para uma perfeita simpatia consiste apenas na identidade de pensamentos e sentimentos, ou também na paridade dos conhecimentos adquiridos?

- ***Na igualdade dos graus de elevação.***

VIDA PLENA

"Nas situações de conflito deixo-me dominar pela inquietação?".

PRECE

Senhor, que possamos experimentar em nosso mundo íntimo o sentimento do perdão e externá-lo àqueles que ainda não sentem essa tão sublime necessidade. Se para nós esta é uma prática difícil, ajudai-nos no esforço que fizermos para conseguir essa virtude.

Quinta-feira

Capítulo 13
QUE VOSSA MÃO ESQUERDA NÃO SAIBA O QUE FAZ VOSSA MÃO DIREITA (I)

Instruções dos espíritos
A BENEFICÊNCIA

12. Sede bons e caridosos: eis a chave dos Céus que tendes nas mãos. Toda a felicidade eterna está contida no ensinamento que diz: "Amai-vos uns aos outros". A alma não pode elevar-se às esferas espirituais senão pelo devotamento ao próximo, e só encontra felicidade e consolo na prática da caridade. Sede bons, amparai vossos irmãos, deixai de lado a terrível chaga do egoísmo. O cumprimento desse dever vos abrirá o caminho da felicidade eterna. Aliás, quem dentre vós já não sentiu o coração aos saltos, a alegria interior expandir-se, diante do relato de um belo devotamento, de uma obra verdadeiramente caridosa? Se buscásseis continuamente o prazer proporcionado por uma boa ação, permaneceríeis sempre no caminho do progresso espiritual. Não vos faltam exemplos como este, o que falta é boa vontade. Recordai-vos dos homens de bem dos quais vossa história guarda doce lembrança!

Jesus não vos disse tudo sobre as virtudes ***caridade*** e ***amor***? Então por que subestimar os Seus divinos ensinamentos? Por que tapar os ouvidos e fechar o coração para as Suas divinas palavras? É preciso que se dê mais importância à leitura do ***Evangelho***. E, no entanto, abandona-se esta divina obra; faz-se dela uma palavra vazia, uma mensagem cifrada. Relegase este admirável código moral ao esquecimento. Vossos males são uma consequência do abandono voluntário desse resumo das leis divinas. Lede, pois, estas páginas vibrantes do devotamento de Jesus, e meditai sobre elas.

Homens fortes, amai-vos! Homens frágeis, fazei de vossa brandura e de vossa fé as vossas armas! Sede mais determinados, mais perseverantes na propagação de vossa nova doutrina! O que viemos vos dar é somente um encorajamento. É apenas para estimular vosso zelo e vossas virtudes que Deus nos permite esta manifestação. Mas, se desejásseis, já vos bastaria a ajuda de Deus e de vossa própria vontade, pois as manifestações espíritas se produzem especialmente para aqueles que têm os olhos fechados e os corações rebeldes.

A caridade é a base que deve sustentar a edificação das virtudes terrenas. Sem ela, as outras não existem. Sem a caridade não há esperança num futuro melhor, não há interesse moral que nos guie. Sem caridade não há fé, pois a fé é uma chama que faz brilhar uma alma caridosa.

A caridade é a âncora eterna da salvação em todos os mundos. É a mais pura emanação do próprio Criador. É Sua própria virtude, doada por Ele às criaturas. Como se poderia menosprezar essa suprema bondade? Haveria então um coração tão perverso, a ponto de rejeitar e banir esse sentimento inteiramente divino? Existiria um filho tão mau, a ponto de rebelar-se contra a doce carícia da caridade?

Não ouso falar do que fiz, pois os espíritos também são discretos quanto às suas obras. Mas acredito que a obra a que dei início seja uma das que mais devem contribuir para o alívio dos vossos semelhantes. Frequentemente, vejo espíritos pedirem para que lhes seja dada a continuidade de minha tarefa, como missão. Vejo minhas doces e queridas irmãs, em sua piedosa e divina missão, praticarem a virtude que recomendei com toda alegria que uma existência de abnegação e sacrifícios proporciona. É uma grande felicidade para mim ver o quanto seu caráter é honrado, o quanto sua missão é amada e docemente protegida. Homens de bem, de boa e firme vontade, uni-vos para dar continuidade à obra de propagação da caridade! Encontrareis a recompensa dessa virtude em sua própria prática. Não há alegria espiritual que ela não proporcione já na vida presente. Sede unidos! Amai-vos uns aos outros, como Jesus nos ensinou. Que assim seja! (São Vicente de Paulo, Paris, 1858).

O LIVRO DOS ESPÍRITOS

896. Há pessoas desinteressadas, mas sem discernimento, que esbanjam seus bens sem proveito real, por não lhes dar um emprego sensato; elas têm algum mérito?

- Têm o mérito do desinteresse, mas não o do bem que poderiam fazer. Se o desinteresse é uma virtude, a prodigalidade irrefletida sempre é, no mínimo, falta de juízo. Assim como não é dada a uns para ser jogada ao vento, a riqueza também não é dada para ser trancada num cofre-forte; é um penhor de que terão de prestar contas, pois terão de responder por todo bem que poderiam ter feito e não fizeram; por todas as lágrimas que teriam podido enxugar com o dinheiro que deram a quem dele não precisava.

VIDA PLENA

"Como tenho me armado para vencer a guerra contra o mal? Com as mesmas armas de ódio e violência?".

PRECE

Bons espíritos, vós que viestes de Deus para cumprir as promessa consoladoras de Jesus, chamai-nos sempre a atenção para a importância da caridade em nossos pensamentos e atos. Que possamos nos lembrar que ela pode ser exercida de diversas formas, como são diversas as necessidades dos nossos semelhantes.

Sexta-feira

Capítulo 13

QUE VOSSA MÃO ESQUERDA NÃO SAIBA O QUE FAZ VOSSA MÃO DIREITA (II)

Instruções dos Espíritos

A BENEFICÊNCIA

13. Meu nome é caridade, sou o principal caminho que conduz a Deus. Segui-me, pois sou o objetivo a que todos devem visar. Esta manhã fiz minha costumeira avaliação, e, com o coração desolado, preciso vos falar. Ah, meus amigos! Quantas misérias, quantas lágrimas, e quanto tendes a fazer para enxugá-las! Em vão procurei consolar pobres mães, dizendo-lhes ao ouvido: "Coragem! Há bons corações que velam por vós, e não vos abandonarão. Paciência! Deus existe; sois suas amadas, suas eleitas". Parecia que me ouviam, pois se voltavam com os olhos espantados para o lado em que eu me encontrava. Eu lia naqueles rostos infelizes que o corpo – esse tirano do espírito – estava faminto, e que, embora minhas palavras acalmassem o seu coração, não lhes enchiam o estômago. Eu tornava a repetir: "Coragem! Coragem!". Então, uma pobre mãe, muito jovem, que estava amamentando uma criancinha, tomou-a nos braços e ergueu-a no ar, como se quisesse me pedir que protegesse aquele pequeno e infeliz ser que só extraía um minguado alimento do seio quase seco.

Mais adiante, meus amigos, vi pobres velhos sem trabalho, sem abrigo, atormentados por todos os sofrimentos da carência, e envergonhados de sua miséria. Como nunca haviam mendigado, não ousavam implorar a piedade de quem por eles passava. Com o coração tocado pela compaixão, eu, que nada tenho, me fiz mendigo por eles, e ando por toda parte estimulando a caridade, inspirando bons pensamentos aos corações generosos e sensíveis. Por isso, venho até vós, meus amigos, para vos dizer que, ali adiante, há infelizes em cuja mesa falta pão, cuja lareira está apagada e cuja cama não tem cobertor. Não vos digo o que deveis fazer. Deixo aos vossos corações bondosos a iniciativa. Se eu vos ditasse a linha de conduta, o mérito de vossa boa ação não seria vosso. Apenas vos digo: Eu sou a caridade, e vos estendo a mão pedindo em nome de vossos irmãos sofredores.

Mas se peço, também dou, e dou muito. Convido-vos para um grande banquete, e forneço a árvore onde todos vós vos fartareis! Vede como é bela e está carregada de flores e frutos! Ide, ide, colhei, apanhai todos os frutos dessa bela árvore que se chama ***beneficência***. No lugar dos ramos que tirardes dela, colocarei todas as boas ações que fizerdes, e levarei a árvore até Deus para que Ele a carregue novamente, pois a beneficência é inesgotável. Segui-me, pois, meus amigos, para que eu vos inclua entre os que se alistam sob a minha bandeira. Nada receeis; eu vos conduzirei pelo caminho da salvação, pois eu sou a ***Caridade*** (CÁRITAS, Martirizada em Roma, Lyon, 1861).

O LIVRO DOS ESPÍRITOS

647. Toda a lei de Deus está contida no preceito do amor ao próximo ensinada por Jesus?

- Certamente, esse preceito resume todos os deveres dos homens entre si; mas é preciso ensinar-lhes sua aplicação, caso contrário se esquecerão dele, como fazem hoje. A lei natural, aliás, abrange todas as circunstâncias da vida, e esse preceito é só uma parte dela. Os homens precisam de regras claras; preceitos gerais e demasiado vagos deixam muitas portas abertas à imaginação.

VIDA PLENA

"Como tenho enfrentado as situações difíceis? Com a incerteza ou com a consciência limpa?".

PRECE

Bons espíritos que nos protegem, intui-nos a fazer o bem sempre que for necessário; afasta de nós a timidez e inspira-nos a ousadia de servir mesmo nas situações mais constrangedoras, pois sabemos que é nessas horas que devemos ser realmente caridosos.

Sábado

Capítulo 13
QUE VOSSA MÃO ESQUERDA NÃO SAIBA O QUE FAZ VOSSA MÃO DIREITA (III)

Instruções dos espíritos
A BENEFICÊNCIA

14. Há várias maneiras de se fazer a caridade que muitos de vós confundem com esmola. Existe, no entanto, uma grande diferença entre caridade e esmola. A esmola, meus amigos, às vezes é útil, pois alivia os pobres. Mas é quase sempre humilhante, tanto para quem dá como para quem recebe. A caridade, ao contrário, une o benfeitor ao beneficiado, e depois se disfarça de todas as maneiras. Pode-se ser caridoso até mesmo com os parentes e com os amigos, sendo indulgentes uns com os outros, perdoando-se mutuamente as fraquezas, tendo cuidado para não ferir o amor-próprio de ninguém. E para vós, espíritas, podeis ser caridosos em vossa maneira de agir para com os que não pensam como vós, levando os menos esclarecidos a crer em nós, sem contrariá-los, sem atacar abertamente suas convicções; conduzindo-os aos poucos às nossas reuniões, em que poderão nos ouvir, pois saberemos encontrar em seu coração a brecha por onde devemos penetrar.

Escutai agora o que é a caridade para com os pobres, esses deserdados da Terra, mas recompensados por Deus, e que, a depender do que fizerdes por eles, saberão aceitar suas misérias sem se lamentarem. Vou me fazer compreender com um exemplo:

Várias vezes na semana, vejo uma reunião de senhoras de

todas as idades; para nós, como sabeis, são todas irmãs. Que fazem elas? Trabalham depressa, muito depressa, com dedos ágeis. Vejo também como seus rostos são radiantes, e como seus corações vibram juntos! Mas qual é o objetivo delas? É que vêem que o inverno se aproxima, e que ele será rigoroso para as famílias pobres: as formiguinhas não conseguiram juntar durante o verão o necessário para o sustento, e a maior parte de seus velhos pertences está empenhada. As pobres mães se inquietam e choram pensando nos pequeninos que vão passar frio e fome, neste inverno. Mas paciência, minhas pobres criaturas! Deus inspirou mulheres mais afortunadas que vós, e elas já estão reunidas confeccionando roupinhas. Depois, num desses dias em que a neve tiver coberto a terra e vos lamentardes dizendo: "Deus não é justo", pois é isto o que geralmente se diz quando se sofre, vereis surgir um dos mensageiros dessas boas senhoras que se converteram em operárias dos pobres. Sim, é por vós que elas trabalhavam assim, e esses vossos lamentos se transformarão em agradecimento, porque no coração dos infelizes o amor toma logo o lugar do ódio.

Como essas operárias precisam de encorajamento, vejo as comunicações dos bons espíritos lhes chegar de todas as partes. Os homens que participam dessa sociedade também ajudam, fazendo aquelas leituras que tanto agradam. E nós, para recompensar o empenho de todos, e de cada um em particular, prometemos a essas laboriosas trabalhadoras uma boa clientela que lhes pagará em bênçãos, única moeda corrente no Céu, assegurando-lhes que ela jamais lhes faltará, sem nenhum receio de estar prometendo demais (CÁRITAS, Lyon, 1861).

O LIVRO DOS ESPÍRITOS

648. Que pensais da divisão da lei natural em dez partes, compreendendo as leis de adoração, trabalho, reprodução, preservação, destruição, sociedade, progresso, igualdade, liberdade, e, finalmente, a de justiça, amor e caridade?

- Essa divisão da Lei de Deus em dez partes é a de Moisés, e pode abranger todas as circunstâncias da vida, o que é essencial. Podes segui-la, embora nada tenha de absoluto, como

não têm todos os outros sistemas de classificação que dependem do ponto de vista sob o qual se considera determinada coisa. A última lei é a mais importante; é por intermédio dela que o homem pode progredir mais na vida espiritual, porque ela resume todas as outras.

VIDA PLENA

"Quando penso em cooperação espero receber também o concurso alheio?".

PRECE

Senhor, que possamos estar sempre disponíveis a servir ao próximo em suas necessidades. Não permitais que sejamos insensíveis à dor alheia e indiferentes às dificuldades daqueles que nos solicitam ajuda.Que possamos lembrar dos bons espíritos que nos ajudam sempre, e que isso nos sirva de estímulo contra a indisposição.

Domingo

Capítulo 13

QUE VOSSA MÃO ESQUERDA NÃO SAIBA O QUE FAZ VOSSA MÃO DIREITA (IV)

Instruções dos espíritos

A BENEFICÊNCIA

15. Meus queridos amigos, todos os dias ouço dentre vós alguém dizendo: "Sou pobre, não posso fazer caridade". A cada dia observo em vós a falta de tolerância para com vossos semelhantes: nada lhes perdoais, e vos colocais como juízes, muitas vezes severos, sem vos perguntar se ficaríeis satisfeitos se alguém fizesse o mesmo convosco. Acaso a indulgência não é também caridade? Se só podeis fazer a caridade indulgente, fazei-a ao menos generosamente. Quanto à caridade material, quero vos contar uma história do outro mundo:

Dois homens acabavam de morrer. Deus havia dito: "Enquanto esses dois homens viverem, serão colocadas num saco cada uma das suas boas ações, e, quando eles morrerem, esses sacos serão pesados". Quando ambos chegaram à hora final, Deus mandou que levassem a Ele os dois sacos. Um estava estufado, enorme, cheio; nele ressoava o metal que o enchia. O outro era tão minguado e fininho, que se via através dele as poucas moedas que continha. Cada um daqueles homens reconheceu o seu saco: "Este é o meu", disse o primeiro, "eu o reconheço; fui rico e dei muito". "Eis o meu", disse o outro, "sempre fui pobre. Ai de mim, quase não tinha nada para partilhar!". Mas que surpresa!... Quando os dois sacos foram colocados na balança, o que era mais pesado ficou leve, e o pequeno ficou pesado de tal modo, que superou em muito o outro prato da balança. Então Deus disse ao rico: "Tu deste muito, é verdade, mas deste por ostentação e para ver teu nome figurar em todos os templos do orgulho; e, além disso, ao dar, não te privaste de nada. Vai, pois, para a esquerda e contenta-te se a esmola ainda te for levada em consideração para alguma coisa". Depois, disse ao pobre: "Deste muito pouco, meu amigo, mas cada uma das moedas que estão nesta balança representa uma das tuas privações. Se não deste esmolas, fizeste a caridade, e, o que é melhor, fizeste a caridade espontaneamente, sem pensar se a levariam em conta. Foste indulgente; não julgaste o teu semelhante; ao contrário, toleraste todas as suas ações. Passa à direita e vai receber tua recompensa" (Um Espírito Protetor, Lyon, 1861).

O LIVRO DOS ESPÍRITOS

643. Há pessoas que, por sua posição, não têm possibilidade de praticar o bem?

- Não há quem não possa fazer o bem: só o egoísta nunca encontra oportunidade para isso. Basta estar em contato com outros homens para encontrar oportunidade de fazer o bem, e cada dia de vida sempre dá, a quem não esteja cego pelo egoísmo, a possibilidade de praticá-lo, porque fazer o bem não é apenas ser caridoso, é ser útil, na medida do possível, todas as vezes que vossa ajuda for necessária.

VIDA PLENA

"Muito mais do que os recursos materiais, a minha disponibilidade em auxiliar não é uma ótima ferramenta de apoio a quem necessita de ajuda?".

PRECE

Senhor, fazei-nos sempre os instrumentos de vossa paz e do vosso imenso amor pela humanidade. Se nossas mãos estiverem vazias de bens materiais, enchei-nos o coração de piedade e de coragem para distribuir a esperança e a fé na vossa Providência.

Segunda-feira

Capítulo 13

QUE VOSSA MÃO ESQUERDA NÃO SAIBA O QUE FAZ VOSSA MÃO DIREITA (V)

Instruções dos espíritos

A BENEFICÊNCIA

16. A mulher rica e feliz, que não precisa empregar seu tempo nas tarefas domésticas, não pode dedicar algumas horas em benefício de seus semelhantes? Que compre então, com o que sobra dos gastos supérfluos, agasalhos para cobrir o infeliz que treme de frio! Que faça, com suas delicadas mãos, roupinhas simples, mas quentes, que ajude uma pobre mãe a vestir o filho que vai nascer! E, ainda que seu próprio filho fique com algumas peças finas a menos, o filho do pobre estará aquecido. Trabalhar para os pobres é trabalhar na seara do Senhor.

E tu, pobre operária, que não tens nada sobrando, mas que queres, por amor aos teus irmãos, dar também do pouco que possuis, dedica também algumas horas do teu dia, do teu tempo, do teu único tesouro. Faze alguns desses trabalhos delicados que os mais afortunados tanto valorizam. Vende o produto do teu esforço, e poderás com isso oferecer aos teus irmãos a tua parte para aliviá-los. Terás, talvez, algumas fitas a menos, mas darás sapatos a quem anda descalço.

E vós, mulheres devotadas a Deus, trabalhai também na Sua obra, mas que vossos trabalhos delicados e caros não sejam feitos apenas para enfeitar vossas capelas, para chamar atenção sobre vossa habilidade e paciência. Trabalhai, minhas filhas, e que o produto do vosso trabalho se destine ao consolo dos vossos irmãos em Deus. Trabalhar por eles é glorificá-Lo. Sede para os necessitados a Providência que diz: "Às aves do Céu, Deus dá o alimento". Que o ouro e a prata que se tecem nas vossas mãos se transformem em roupas e alimentos para quem deles necessita. Fazei isso, e o vosso trabalho será abençoado.

E todos vós que podeis produzir, dai! Dai vosso talento, vossa inspiração, vosso coração, e Deus vos abençoará. Poetas e literatos, que sois lidos apenas por pessoas cultas, preenchei vossas horas de lazer, mas que o produto de alguma de vossas obras seja consagrado ao consolo dos infelizes. Pintores, escultores, artistas de todos os gêneros, que vossa inteligência também venha em auxílio dos vossos irmãos. Não tereis por isso menos fama, mas haverá alguns sofrimentos a menos.

Todos vós podeis dar. Seja qual for a classe a que pertençais, tendes alguma coisa a partilhar. Seja o que for que Deus vos tenha dado, disso deveis uma parte a quem não tem o necessário, pois ficaríeis satisfeitos se alguém, que estivesse no vosso lugar, dividisse algo convosco. Vossos tesouros na Terra serão um pouco menores, mas vossos tesouros no Céu serão mais abundantes. Lá colhereis cem vezes mais do que houverdes semeado em benefícios neste mundo (João, Bordéus, 1861).

O LIVRO DOS ESPÍRITOS

715. Como pode o homem conhecer o limite do necessário?

- Quem é comedido o conhece por intuição; muitos o conhecem por experiência e às suas custas.

716. Através do organismo que temos, a natureza não traçou o limite das nossas necessidades?

- Sim, mas o homem é insaciável. A natureza traçou o limite das suas necessidades pelo organismo que lhe deu, mas os vícios lhe alteraram a constituição e lhe criaram necessidades que não são reais.

717. Que pensar dos que monopolizam os bens da terra para conseguir o supérfluo em detrimento daqueles a quem falta o necessário?

- Eles não obedecem à Lei de Deus e terão de responder pelas privações que tiverem feito outros suportar.

VIDA PLENA

"Como tenho diferenciado o supérfluo das minhas reais necessidades?".

PRECE

Bons espíritos, que possamos ser vossos instrumentos no auxílio daqueles que necessitam de conforto material e moral.

Terça-feira

Capítulo 13
QUE VOSSA MÃO ESQUERDA NÃO SAIBA O QUE FAZ VOSSA MÃO DIREITA (VI)

Instruções dos espíritos
A PIEDADE

17. A piedade é a virtude que mais vos aproxima dos anjos. É a irmã da caridade que vos conduz a Deus. Ah! Deixai vosso coração enternecer-se diante das misérias e dos sofrimentos de vossos semelhantes. Vossas lágrimas são como um bálsamo que aplicais sobre suas feridas. E quando, por uma doce simpatia, vierdes a lhes retribuir a esperança e a resignação, que alegria não experimentareis! Essa ventura tem um certo amargor, é verdade, pois nasce ao lado da infelicidade. Mas, se não possui a ilusão dos prazeres mundanos, também não tem as angustiantes decepções que esses prazeres trazem consigo. Ao contrário, possuem uma suavidade penetrante que enche a alma de alegria. A piedade, a piedade bem sentida, é amor; o amor é devotamento; o devotamento é o esquecimento de si mesmo; e esse esquecimento, essa abnegação em favor dos infelizes, é a virtude por excelência, a virtude que o divino Messias praticou durante toda a Sua vida, e que ensinou em Sua doutrina tão santa e sublime. Quando essa doutrina for restituída à sua pureza primitiva, quando for aceita por todos os povos, trará felicidade à Terra, fazendo reinar em nosso planeta a concórdia, a paz e o amor.

A piedade é, portanto, o sentimento que mais vos impulsiona a progredir, domando vosso egoísmo e vosso orgulho; que mais predispõe vossa alma à humildade, à beneficência e ao amor ao próximo; que vos comove profundamente diante do sofrimento de vossos irmãos; que vos faz estender-lhes a mão caridosa e vos arranca lágrimas de solidariedade. Não sufoqueis jamais, em vossos corações, essa emoção celestial. Não façais como os egoístas endurecidos, que se afastam dos aflitos porque a visão de sua miséria perturba sua feliz existência. Temei ficar indiferentes quando puderdes ser úteis. A tranquilidade obtida à custa de uma indiferença condenável é semelhante à tranquilidade do Mar Morto, que esconde no fundo de suas águas o lodo fétido e a podridão.

Como a piedade está longe de causar a perturbação e o aborrecimento que apavoram os egoístas! Sem dúvida, em contato com a desgraça alheia, a alma, voltando-se para si mesma, experimenta um abalo natural e profundo que faz vibrar todo o vosso ser, afetando-vos dolorosamente. Mas a compensação será sempre maior nas vezes em que conseguirdes devolver a coragem e a esperança a um irmão infeliz, que se comove com o aperto de uma mão amiga, e cujo olhar, úmido de emoção e reconhecimento, volta-se carinhosamente para vós, antes de elevar-se ao Céu para agradecer a Deus por ter enviado um consolador, um apoio. Apesar de melancólica, a piedade é a celestial precursora da caridade, a maior das virtudes, de quem é irmã, e cujos benefícios prepara e enobrece (MICHEL, Bordéus, 1862).

O LIVRO DOS ESPÍRITOS

720. Privações voluntárias, que visem a uma expiação igualmente voluntária, têm algum mérito aos olhos de Deus?

- Fazei o bem aos outros e vosso merecimento será maior.

720a. Há privações voluntárias que sejam meritórias?

- Sim, a privação dos prazeres inúteis, porque desliga o homem da matéria e eleva-lhe a alma. Meritório é resistir à tentação que induz aos excessos ou à fruição de coisas inúteis; é tirar do que lhe é necessário para dar aos que não têm

o bastante. Se a privação não passar de simples fingimento, é um deboche.

VIDA PLENA

"Como posso superar a indiferença moral e vivenciar a piedade?".

PRECE

Amado Pai, que o sentimento de piedade esteja em nós, não somente como manifestação da sensibilidade, mas que possa ser transformado em compaixão, uma ajuda prática àqueles que sofrem as dores das expiações e das provas.

Quarta-feira

Capítulo 16

NÃO SE PODE SERVIR A DEUS E A MAMON (I)

INSTRUÇÕES DOS ESPÍRITOS

EMPREGO DA RIQUEZA

12. Quando considero a curta duração da vida, fico amargamente impressionado com a preocupação que tendes para com o vosso bem-estar material, ao passo que dais tão pouca importância e dedicais pouco ou quase nenhum tempo ao vosso aperfeiçoamento moral, que é o que deve ser levado em conta por toda a eternidade. Ao observar-se as atividades que desenvolveis, pode-se até pensar que ela esteja ligada a algo da maior importância para a humanidade, quando, quase sempre, trata-se apenas de um esforço para adquirir condições de satisfazer às necessidades excessivas, à vaidade, ou de vos entregar ao gosto pelos supérfluos.

Quantas aflições, preocupações e tormentos as pessoas se impõem! Quantas noites mal-dormidas, apenas para aumentar uma fortuna, muitas vezes já mais do que suficiente! Absurdo é encontrar homens que, por apego exagerado à fortuna e aos prazeres que ela proporciona, se sujeitam a um trabalho penoso, vangloriando-se de uma existência que julgam ser de sacrifício e mérito, como se trabalhassem pelos outros e não para si mesmos! Insensatos! Acreditais, realmente, que vos serão levados em conta os cuidados e os esforços motivados pelo egoísmo, pela cupidez ou pelo orgulho, enquanto esqueceis de cuidar do vosso futuro, assim como dos deveres que a solidariedade fraterna impõe a todos que gozam dos privilégios da vida social? Pensastes apenas em vosso corpo. E o bem-estar e os prazeres que ele poderia desfrutar foram o objeto exclusivo de vossa preocupação egoísta. Por causa do corpo, que um dia perece, negligenciastes vosso espírito, que viverá para sempre. Assim, esse senhor tão mimado e bem-cuidado passou a ser o vosso tirano. Ele comanda vosso espírito, que se fez seu escravo. Seria este o objetivo da existência que Deus vos concedeu? (Um Espírito Protetor, Cracóvia, 1861).

O LIVRO DOS ESPÍRITOS

925. Por que Deus favorece com os dons da riqueza certos homens que parecem não merecê-los?

- Para quem só considera o presente, é um favor. Fica sabendo, porém, que a riqueza muitas vezes é uma prova mais perigosa do que a miséria.

VIDA PLENA

"Tenho avaliado e valorizado corretamente os recursos de que disponho para viver?".

PRECE

Bom Deus, agradecemos a vossa infinita bondade ao nos dar esta vida. Que posamos reconhecer, a todo instante, o quanto ela nos oferece como oportunidade de elevação. Preservai-nos dos excessos e mostra-nos o quanto é útil a simplicidade para mantermo-nos em equilíbrio.

Quinta-feira

Capítulo 16

NÃO SE PODE SERVIR A DEUS E A MAMON (II)

Instruções dos espíritos

EMPREGO DA RIQUEZA

13. Sendo o homem o depositário, o administrador dos bens que Deus lhe coloca nas mãos, terá de prestar contas rigorosas do uso que deles tiver feito, por seu livre-arbítrio. O mau emprego consiste em servir-se deles apenas para sua satisfação pessoal. Ao contrário, o emprego é bom quando dele resultar um benefício qualquer para o próximo. Portanto, o mérito será proporcional ao sacrifício que, para isso, a pessoa impôs a si mesma.

A beneficência é apenas um dos modos de empregar a riqueza. Ela alivia as necessidades, sacia a fome, protege do frio e dá abrigo a quem não o possui. Mas há um dever igualmente imperioso, e também igualmente meritório: o de evitar a miséria. Eis aí a principal missão das grandes fortunas, pois pode gerar trabalhos de todas as espécies, e, mesmo que deles se tirasse legítimo proveito, o bem não deixaria de existir, porque o trabalho desenvolve a inteligência e eleva a dignidade do homem, que sempre se orgulha de poder dizer que conquistou o pão que come, ao passo que a esmola humilha e degrada. A fortuna concentrada em uma só mão deve ser como uma fonte de água pura, que espalha o bem-estar ao seu redor.

Ricos, se a empregardes conforme os desígnios do Senhor,

vosso coração será o primeiro a saciar sua sede nessa fonte benfazeja. Tereis nesta vida as indescritíveis alegrias da alma, em lugar dos prazeres materiais do egoísta, que deixam um vazio no coração. Vosso nome será abençoado na Terra, e, quando a deixardes, o soberano Senhor vos dirigirá as palavras da ***Parábola dos Talentos***: "Bom e fiel servo, entra na alegria do teu Senhor!". Nessa parábola, o servo que enterrou o dinheiro que lhe fora confiado não é a imagem dos avarentos em cujas mãos a riqueza é improdutiva? Se, no entanto, Jesus fala principalmente das esmolas, é porque naquela época, e na região onde vivia, não se conheciam os trabalhos que as artes e as indústrias proporcionariam mais tarde, e nos quais a riqueza pode ser empregada utilmente para o bem geral.

Para aqueles que podem dar, seja pouco ou muito, direi então: "Dai esmolas quando isso for necessário, mas convertei-as em salário sempre que possível, para que quem as recebe não se envergonhe com isso (FÉNELON, Argel, 1860).

O LIVRO DOS ESPÍRITOS

816. Se o rico tem mais tentações, não tem também mais condições de fazer o bem?

- É justamente o que nem sempre faz; torna-se egoísta, orgulhoso e insaciável; suas exigências aumentam com sua fortuna, e ele acha que nunca tem o suficiente.

Para o homem, sua importância neste mundo e a autoridade sobre seus semelhantes são provas tão arriscadas quanto a miséria, pois quanto mais rico e poderoso alguém for, ***mais tem obrigações a cumprir***, e mais numerosas são as oportunidades de fazer o bem e o mal. Deus experimenta o pobre pela resignação, e o rico, pelo uso que faz de seus bens e de seu poder.

A riqueza e o poder dão origem a todas as paixões que nos ligam à matéria e nos afastam da perfeição espiritual. Eis por que Jesus disse: "Em verdade vos digo que é mais fácil um camelo passar pelo buraco de uma agulha do que um rico entrar no reino dos Céus.

VIDA PLENA

"Como pessoa comum, ajudo conforme as minhas inclinações. E como cristão?".

PRECE

Senhor, diante das necessidades alheias, lembrai-nos de que são também necessidades nossas e que somente o egoísmo é que nos faz pensar e agir contrariamente a esta verdade. Fazei-nos, nesses momentos, criaturas conscientes do dever do amor e da caridade.

Sexta-feira

Capítulo 16
NÃO SE PODE SERVIR A DEUS E A MAMON (III)

Instruções dos Espíritos
DESAPEGO DOS BENS TERRENOS

14. Venho, meus irmãos, meus amigos, trazer minha pequena contribuição para vos ajudar a avançar corajosamente no caminho do aperfeiçoamento em que entrastes. Somos devedores uns dos outros. Somente com a união sincera e fraterna entre desencarnados e encarnados será possível a regeneração.

Vosso apego aos bens terrenos é um dos maiores obstáculos ao vosso adiantamento moral e espiritual. É em decorrência do apego às riquezas que desprezai vossas mais nobres qualidades, concentrando-as inteiramente nas coisas materiais. Sede sinceros: a riqueza proporciona felicidade total? Quando vossos cofres estão cheios, não continua a existir um vazio no coração? No fundo de um belo cesto de flores, não pode haver um réptil escondido? Compreendo que o homem que conseguiu acumular fortuna com seu trabalho árduo e honrado sinta uma grande satisfação, aliás muito justa e aprovada por Deus. Mas daí a um apego que anule todos os outros sentimentos e paralise os impulsos do coração existe uma distância tão grande quanto a que vai da avareza sórdida ao esbanjamento exagerado: dois vícios entre os quais Deus colocou a caridade, santa e salutar virtude que ensina o rico a dar sem ostentação, a fim de que o pobre receba sem humilhação.

Quer a fortuna se origine da família, quer a tenhais conquistado com o vosso trabalho, há uma coisa que jamais deveis esquecer: tudo vem de Deus, tudo retorna a Deus. Nada na Terra vos pertence, nem mesmo vosso pobre corpo, pois a morte vos despoja dele, como vos despoja de todos os bens materiais. Sois depositários e não proprietários, não vos enganeis! Deus vos emprestou, então deveis restituir. E Ele vos empresta sob a condição de que, pelo menos o supérfluo, reverta em favor dos necessitados.

Um amigo vos empresta uma quantia. Por menos honestos que sejais, tereis o compromisso de devolvê-la, e lhe ficareis agradecido. Pois bem! Esta é a situação de todo homem rico: Deus é o amigo celestial que lhe emprestou a riqueza e não pede nada para Si, a não ser amor e reconhecimento, mas exige que o rico, por sua vez, também dê aos pobres que são Seus filhos, da mesma forma que ele o é.

Pode ser que o bem material que Deus vos confiou desperte em vosso coração uma ardente e insensata cobiça. Quando vos apegais excessivamente a uma riqueza tão perecível e passageira quanto vós, já pensastes que virá o dia em que devereis prestar contas ao Senhor daquilo que Ele vos emprestou? Esqueceis-vos de que, pela riqueza, fostes investidos da sagrada condição de ministros da caridade na Terra, para serdes distribuidores dessa mesma riqueza? Que sois, então, quando usais em proveito próprio o que vos foi confiado, senão depositários infiéis? Qual é o resultado desse esquecimento voluntário dos vossos deveres? A morte... que implacavelmente vem rasgar o véu sob o qual vos escondestes, e vos força a prestar contas até mesmo ao amigo distante a quem devíeis favores, e que nesse momento se apresenta diante de vós como um juiz (LACORDAIRE, Constantina, 1863).

O LIVRO DOS ESPÍRITOS

883. O desejo de possuir é inato?

- Sim, mas quando é só para si e para sua satisfação pessoal, é egoísmo.

883a. No entanto, o desejo de possuir não será legítimo, uma vez que quem tem com que viver não se torna pesado para ninguém?

- Há homens insaciáveis e que acumulam bens sem utilidade para ninguém, ou para satisfazer suas paixões. Achas que Deus vê isso com bons olhos? Ao contrário, aquele que junta pelo trabalho, pensando em ajudar seus semelhantes, pratica a Lei de Amor e de Caridade, e seu trabalho é abençoado por Deus.

884. Quais são as características da propriedade legítima?

- A única propriedade legítima é a adquirida sem prejuízo alheio.

A Lei de Amor e de Justiça, ao proibir que façamos aos outros o que não gostaríamos que nos fizessem, condena, por isso mesmo, qualquer meio de aquisição de bens que seja contrário a ela.

VIDA PLENA

"O que tenho valorizado mais: o ter ou o ser?".

PRECE

Senhor, que os recursos que nos foi dado pela vossa misericórdia sejam sempre utilizados com sabedoria e desprendimento. Afastai-nos da avareza e da ilusão da posse de bens materiais. Inspirai-nos sempre a consciência de que somos apenas depositários dos seus benefícios.

Sábado

Capítulo 16
NÃO SE PODE SERVIR A DEUS E A MAMON (IV)

Instruções dos espíritos
DESAPEGO DOS BENS TERRENOS

14. (...) Na Terra, inutilmente procurais vos iludir, disfarçando sob o nome de virtude o que muitas vezes não passa de egoísmo. Em vão dizeis que é poupança e previdência o que nada mais é senão ambição e avareza; ou generosidade, o que na verdade é um esbanjamento para obter vantagens pessoais. Um pai de família, por exemplo, deixa de praticar a caridade, economiza, acumula ouro e mais ouro, e isso, segundo ele diz, para deixar aos filhos o máximo de bens que puder, e assim evitar que caiam na miséria. É muito justo, concordo, e não se pode censurá-lo por isso. Mas será esse o verdadeiro motivo que o leva a agir assim? Muitas vezes não será um pacto com sua própria consciência para justificar, diante de si mesmo e da sociedade, seu apego aos bens terrenos? Mesmo que eu admita que seja só o amor paternal que o move, isso seria motivo para esquecer-se de seus irmãos perante Deus? Se ele já tem o supérfluo, acaso deixará seus filhos na miséria se ficarem com um pouco menos desse supérfluo? Não lhes estaria dando um exemplo de egoísmo que lhes endureceria o coração? Não estaria sufocando neles o amor ao próximo? Pais e mães, cometeis um grande erro se acreditais que assim agindo aumentaríeis a

afeição de vossos filhos por vós, pois, ensinando-lhes a ser egoístas, lhes ensinais a sê-lo para convosco também.

Quando um homem trabalhou honestamente, e com o suor de seu rosto adquiriu bens, muitas vezes o ouvireis dizer que, quando o dinheiro é ganho com esforço, sabemos lhe dar valor. Nada é mais verdadeiro. Pois bem! Que esse homem, que diz conhecer o valor do dinheiro, pratique a caridade segundo as suas possibilidades, e então terá mais merecimento do que aquele que, nascido na abastância, não conhece a fadiga de um trabalho árduo. Se ao contrário, porém, esse mesmo homem, que se recorda de suas aflições e de seus esforços, for egoísta e impiedoso para com os pobres, torna-se muito mais condenável do que os outros, pois, quanto mais conhecemos por nós mesmos as dores ocultas da miséria, mais devemos nos empenhar em aliviá-las nos outros.

Infelizmente, há sempre no homem de posses um sentimento tão forte quanto o apego à riqueza: o orgulho. É comum ver-se o novo-rico atordoar o infeliz que lhe implora ajuda com histórias sobre seu trabalho e suas habilidades, ao invés de ajudá-lo, e por fim dizer-lhe: "Faça como eu fiz". Segundo ele, a bondade de Deus nada tem a ver com sua fortuna, pois o mérito é todo seu. O orgulho põe-lhe uma venda nos olhos e tapa-lhe os ouvidos. Ele não compreende que apesar de toda a sua inteligência e habilidade Deus pode derrubá-lo com uma só palavra (Lacordaire, Constantina, 1863).

O LIVRO DOS ESPÍRITOS

718. A lei de conservação impõe a obrigação de prover às necessidades do corpo?

- Sim. Sem força e saúde é impossível trabalhar.

719. O homem pode ser censurado por procurar o bem-estar?

- O bem-estar é um desejo natural. Deus só proíbe o abuso, porque o abuso é prejudicial à conservação. Não é crime buscar o bem-estar, se esse bem-estar não for conseguido à custa dos outros e se não provocar o enfraquecimento das vossas forças, sejam elas morais ou físicas.

VIDA PLENA

"Com vejo um gesto de renúncia: um privilégio ou sacrifício?".

PRECE

Senhor, concedei-nos a serenidade para que possamos evitar os sofrimentos advindos do nosso egoísmo e do apego aos bens materiais. Que possamos compreender a importância do desprendimento e da responsabilidade diante dos recursos que nos foi dado como instrumentos da nossa evolução espiritual.

Domingo

Capítulo 16

NÃO SE PODE SERVIR A DEUS E A MAMON (V)

Instruções dos espíritos

DESAPEGO DOS BENS TERRENOS

14. (...) Esbanjar a riqueza não é desapego aos bens terrenos, é negligência e indiferença. O homem, como depositário dos bens que Deus lhe confiou, não tem o direito de desperdiçá-los, como não o tem de usá-los somente em proveito próprio. O desperdício não é generosidade, é muitas vezes uma forma de egoísmo. Quem gasta excessiva e irresponsavelmente para satisfazer uma fantasia, não daria um centavo para prestar um favor. O desapego aos bens terrenos consiste em atribuir à riqueza sua real importância; em saber servir-se dela em benefício dos outros, e não apenas para seu próprio bem; em não sacrificar por sua causa os proveitos da vida futura; em perdê-la, sem se lamentar, se Deus aprouver tirá-la de vós.

Se, por algum infortúnio, vos transformardes em um novo Jó,[1] dizei como ele: "Senhor, vós me destes, vós me tirastes. Que seja feita a vossa vontade!". Eis o verdadeiro desapego. Antes de mais nada, sede submissos. Tende fé naquele que, vos tendo dado e tirado, pode vos devolver. Resisti corajosamente ao abatimento e ao desespero que paralisam vossas forças. Por

1 Jó: Alusão a alguém que possui uma fé inabalável; é desapegado dos bens materiais e temente a Deus.

isso, se Deus vos golpear, nunca vos esqueçais de que, ao lado das grandes provas, Ele sempre coloca uma consolação. Mas pensai principalmente que existem bens infinitamente mais preciosos do que os da Terra, e esse pensamento vos ajudará a vos desapegar dos patrimônios materiais. O pouco valor que se atribua a determinada coisa faz com que sintamos menos a sua perda. O homem que se apega aos bens terrenos é como a criança que só vê o momento presente. Aquele que não se agarra a eles, é como o adulto que vê coisas mais importantes, pois compreende estas palavras proféticas do Salvador: "Meu reino não é deste mundo".

O Senhor não manda que nos despojemos do que possuímos para nos reduzir a uma mendicância voluntária, pois nos transformaríamos num peso para a sociedade. Agir assim seria compreender erradamente o desapego aos bens terrenos. É um egoísmo de outra espécie, pois significa livrar-se da responsabilidade que a riqueza põe sobre os ombros de quem a possui. Deus a proporciona a quem Lhe parece ter qualidades para administrá-la em proveito de todos. Portanto, o rico tem uma missão que ele pode tornar nobre e proveitosa para si mesmo. Rejeitar a riqueza dada por Deus é renunciar ao benefício do bem que se pode fazer ao administrá-la sabiamente. Saber nos resignar quando não a possuímos, saber empregá-la utilmente quando a recebemos, e saber abrir mão dela quando for necessário, é agir segundo os desígnios do Senhor. Que aquele que for contemplado com aquilo que o povo chama de "golpe de sorte" diga: "Meu Deus, me enviastes um novo encargo; então dai-me forças para desempenhá-lo segundo vossa santa vontade".

Eis, meus amigos, o que eu pretendia vos ensinar a respeito do desapego dos bens terrenos. Resumirei tudo, dizendo: Sabei vos contentar com pouco. Se sois pobres, não invejeis os ricos, pois a riqueza não é necessária à felicidade. Se sois ricos, não vos esqueçais de que devereis prestar contas da utilidade que fizerdes dos bens que vos foram confiados, como se presta contas de uma tutela. Não sejais depositários infiéis, fazendo com que eles sirvam apenas para satisfazer vosso orgulho e vossa sensualidade. Não vos acheis no direito de dispor exclusivamente para vós do que é somente um empréstimo, não um presente. Se não sabeis restituir, não tendes o direito de pedir, e lembrai-vos de que quem dá aos pobres salda a dívida que contraiu com Deus (Lacordaire, Constantina, 1863).

O LIVRO DOS ESPÍRITOS

907. Como o princípio das paixões é inato, ele é por si só mau?

- Não. A paixão está no excesso conjugado com a vontade, pois o princípio foi dado ao homem para o bem, e as paixões podem levá-lo a grandes coisas. É o abuso que delas faz que acarreta o mal.

908. Como definir o limite em que as paixões deixam de ser boas ou más?

- As paixões são como um cavalo, que é útil quando é dirigido, mas perigoso quando é ele que dirige. Deveis admitir, portanto, que uma paixão se torna nociva a partir do momento em que não conseguis mais governá-la e disso resultar algum prejuízo para vós ou para os outros.

VIDA PLENA

"Qual é a minha capacidade de desprendimento? Posso abrir mão de algumas coisas materiais, sem que isso me cause mal-estar?".

PRECE

Pai, inspirai-nos a humildade e a resignação diante das provas que nos privam de tudo aquilo que nos prende aos bens materiais. Que possamos lembrar do exemplo de Jesus, das aves do céu, dos lírios do campo, que jamais são abandonados pela sua sábia providência.

Segunda-feira

Capítulo 17

SEDE PERFEITOS (I)

INSTRUÇÕES DOS ESPÍRITOS

O DEVER

7. O dever é a obrigação moral, primeiro para consigo mesmo, depois para com os outros. O dever é a lei que rege a vida, pois encontra-se nos mais ínfimos detalhes, como também nos atos mais elevados. Desejo falar apenas do ***dever moral***, e não do dever que as profissões e o trabalho impõem.

No que se refere aos sentimentos, o dever é muito difícil de ser cumprido, porque é antagônico às seduções e interesses do coração. Suas vitórias não têm testemunhos, e suas derrotas não estão sujeitas à repressão. O dever íntimo do homem é guiado pelo seu livre-arbítrio, que o adverte ou o incita como uma bússola ligada à consciência, essa guardiã da retidão moral. Mas muitas vezes ele se vê impotente diante dos impulsos da paixão.

Quando praticado moralmente, o dever do coração eleva o homem. Mas, como defini-lo com exatidão? Onde ele começa? Onde termina? Pois bem, ***o dever começa exatamente no ponto em que ameaçais a felicidade ou a tranquilidade de vosso próximo, e termina no limite que não desejais ver ultrapassado com relação a vós.***

Deus criou todos os homens iguais perante a dor: pequenos ou grandes, ignorantes ou instruídos, todos sofrem pelas mesmas causas, para que cada um avalie sensatamente o mal que pode fazer. Mas o mesmo critério não existe quanto ao bem, infinitamente mais variado em suas expressões. ***A igualdade diante da dor é uma sublime providência de Deus, que quer que Seus filhos, instruídos pela experiência comum, não cometam o mal, alegando desconhecer seus efeitos.***

O dever é o resumo prático de todas as virtudes morais; representa um ato de heroísmo da alma que enfrenta as angústias da luta. O dever é austero e dócil, pois está sempre pronto a submeter-se às diversas complicações, mas permanece inflexível diante de suas tentações. ***O homem que cumpre o seu dever ama a Deus mais do que às criaturas, e às criaturas mais do que a si mesmo.*** É, ao mesmo tempo, juiz e sentenciado em causa própria.

O dever é o mais belo distintivo da razão, pois surge dela, como o filho nasce da mãe. O homem deve amar o dever, não porque o preserva dos males da vida, de que a humanidade não pode esquivar-se, mas porque dá à alma o vigor necessário ao seu desenvolvimento.

O dever cresce e irradia sob uma forma cada vez mais elevada em cada uma das etapas superiores da humanidade. A obrigação moral da criatura para com Deus jamais cessa: ela deve refletir as virtudes do Eterno que não aceita um esboço imperfeito, pois quer que a beleza de Sua obra resplandeça diante Dele (LÁZARO, Paris, 1863).

O LIVRO DOS ESPÍRITOS

558. Além de melhorar-se pessoalmente, os espíritos têm algo mais a fazer?

- Eles contribuem para a harmonia do Universo, executando as vontades de Deus, de quem são os ministros. A vida espírita é uma contínua ocupação, mas que nada tem de árduo como na Terra, porque não há fadiga corporal, nem as angústias da necessidade.

559. Os espíritos inferiores e imperfeitos também desempenham um papel útil no Universo?

- Todos têm deveres a cumprir. O último dos pedreiros também não contribui, como o arquiteto, para a construção de um edifício?

VIDA PLENA

"Desanimo diante das críticas que recebo, ou vejo nelas um auxílio de aperfeiçoamento?".

PRECE

Senhor, permitai-nos ver no cumprimento do dever sempre um motivo de alegria e nunca de aborrecimento. Lembrai-nos que o dever cumprido é obstáculo superado, é lição assimilada e, principalmente, uma prova de que sempre estaremos aptos a realizar coisas que geralmente nos julgamos incapazes.

Terça-feira

Capítulo 17

SEDE PERFEITOS (II)

INSTRUÇÕES DOS ESPÍRITOS

A VIRTUDE

8. A virtude, no seu mais alto grau, contém em si o conjunto de todas as qualidades essenciais que constituem o homem de bem. Ser bom, caridoso, esforçado, sóbrio e modesto, são qualidades do homem virtuoso. Infelizmente, muitas vezes são acompanhadas por pequenas imperfeições morais que as desonram e as ofuscam. Aquele que faz alarde de suas virtudes não é virtuoso, pois lhe falta a principal qualidade: a modéstia; e possui o vício que mais se opõe a ela: o orgulho. A virtude verdadeiramente digna desse nome não gosta de se exibir. Podemos pressenti-la, mas ela se esconde nas sombras e foge da admiração do povo. São Vicente de Paulo, o digno cura de Ars, era muito virtuoso; além dele, outros religiosos pouco conhecidos do mundo, mas conhecidos de Deus, também o eram. Todos esses homens de bem ignoravam que eram virtuosos. Deixavam-se levar ao sabor de suas santas aspirações, e praticavam o bem com total desprendimento e completamente esquecidos de si mesmos.

É a virtude compreendida dessa forma que eu vos convido a praticar, meus filhos. À essa virtude verdadeiramente cristã e verdadeiramente espírita que eu vos incito a vos consagrar. Afastai de vossos corações o sentimento do orgulho, da vaidade, do amor-próprio, que sempre ofuscam as mais belas qualidades. Não imiteis o homem que se apresenta como modelo e ressalta as próprias qualidades aos ouvidos complacentes. Essa virtude exibicionista frequentemente oculta uma diversidade de pequenas torpezas e de odiosas infâmias.

Em princípio, o homem que se exalta, erguendo uma estátua à própria virtude, anula com esse simples gesto todo o mérito efetivo que possa ter. O que direi então daquele cujo único mérito é parecer o que não é? Admitamos que o homem que faz o bem sente com isso uma satisfação íntima, vinda do fundo do coração, mas, a partir do momento que essa satisfação se expõe para receber elogios, degenera em amor-próprio.

Vós todos, a quem a fé espírita aqueceu com seus raios e que sabeis quanto o homem está longe da perfeição, jamais esbarreis num obstáculo como este. A virtude é uma graça que desejo a todos os espíritas sinceros, mas lhes direi: mais vale menos virtudes, com modéstia, do que muitas com orgulho. Foi por orgulho que sucessivas gerações se perderam; é pela humildade que um dia deverão redimir-se (François, Nicolas, Madeleine, Paris, 1863).

O LIVRO DOS ESPÍRITOS

910. O homem pode encontrar nos espíritos uma assistência eficaz para superar suas paixões?

- Se pedir a Deus e ao seu anjo da guarda com sinceridade, os bons espíritos certamente virão em seu auxílio, pois é essa sua missão.

911. Não existem paixões tão ardentes e irresistíveis que a vontade seja incapaz de superá-las?

- Há muitas pessoas que dizem: "Eu quero", mas só da boca para fora; querem, mas pouco se importam se isso não acontece. Quando o homem acha que não é capaz de vencer suas paixões, é porque seu espírito, por causa de sua inferioridade, nelas se compraz. Quem procura reprimi-las, compreende sua natureza espiritual; para ele, vencê-las representa uma vitória do espírito sobre a matéria.

912. Qual é o meio mais eficaz de combater a predominância da natureza física?

- *Praticar o altruísmo.*

VIDA PLENA

"Tenho dado a mim mesmo a oportunidade de melhorar minhas atitudes e controlar minhas paixões?".

PRECE

Senhor, onde e quando for necessário, mostrai-nos a necessidade de consolar, de esclarecer, de exemplificar a moderação e a sobriedade, de amparar e, sobretudo, de sermos humildes perante aqueles que ainda não conhecem as verdade espirituais.

Quarta-feira

Capítulo 17

SEDE PERFEITOS (III)

Instruções dos Espíritos

OS SUPERIORES E OS INFERIORES

9. Da mesma forma que a riqueza, a autoridade é uma delegação da qual se pedirá contas àquele que dela for revestido. Não julgueis que a autoridade lhe tenha sido atribuída para proporcionar-lhe o vão prazer de mandar, nem para fazer dela uma propriedade a que se tem direito, como erradamente pensa a maioria dos poderosos da Terra. Deus, aliás, prova-lhes constantemente que não é uma coisa nem outra, pois a retira deles quando Lhe apraz. Se fosse um privilégio inerente à pessoa, seria inalienável. Portanto, ninguém pode dizer que uma coisa lhe pertence, quando essa coisa lhe pode ser tirada sem o seu consentimento. Deus concede a autoridade a título de *missão* ou de prova, quando julga conveniente, e a retira da mesma forma.

Seja qual for seu alcance, desde a do senhor sobre seu servo até a do soberano sobre seu povo, quem quer que seja depositário da autoridade não deve esquecer-se de que tem almas sob sua responsabilidade e responderá pela boa ou má orientação que der aos seus subordinados. Por isso, as faltas que acaso eles venham a cometer, os vícios a que forem arrastados, em consequência dessa orientação ou *dos maus exemplos,* recairão sobre o depositário da autoridade, que também colherá os frutos de seu esforço por conduzi-los ao bem. Todo homem encarnado na Terra tem uma missão, grande ou pequena. Qualquer que seja ela, é sempre dada para o bem. Falseá-la no seu princípio é, pois, fracassar quanto ao seu desempenho.

Assim como Deus pergunta ao rico: "Que fizeste da riqueza que, nas tuas mãos, deveria ser uma fonte que esparge fecundidade ao seu redor?", também perguntará àquele que possui alguma autoridade: "Que uso fizeste dessa autoridade? Que mal evitaste? Que progresso promoveste? Se te dei subordinados, não foi para transformá-los em escravos da tua vontade, nem em dóceis instrumentos dos teus caprichos ou da tua ambição. Eu te fiz forte e confiei-te os fracos para que os animasses e os ajudasses a subir até mim".

Aquele que tem autoridade sobre outras pessoas, e que está imbuído das palavras do Cristo, não menospreza nenhum de seus subalternos, porque sabe que as diferenças sociais não estabelecem diferenças diante de Deus. O espiritismo lhe ensina que se hoje eles lhe obedecem, talvez o tenham chefiado um dia, ou poderão ser seus superiores mais tarde, quando então será tratado como ele mesmo os tratou.

Se o superior tem deveres a cumprir, o subordinado também os tem, e não menos sagrados. Se este último é espírita, sua consciência lhe dirá, com maior clareza ainda, que não está dispensado de cumpri-los, mesmo que seu chefe não cumpra os dele, porque sabe que não devemos pagar o mal com o mal, e que as faltas de um não justificam as faltas do outro. Se sofre com sua condição, sem dúvida sabe que a mereceu, porque é possível que outrora tenha abusado de sua autoridade, e sabe que deve passar, por sua vez, pelas mesmas dificuldades que fez os outros passarem. Se é obrigado a suportar essa situação, por não encontrar outra melhor, o espiritismo lhe ensina a resignar-se, como prova para sua humildade, necessária ao seu adiantamento. Sua crença orienta sua conduta. Ele age como gostaria que seus subordinados agissem com ele, se fosse ele o chefe. Por isso mesmo, é mais consciente no cumprimento de suas obrigações, pois compreende que qualquer negligência no trabalho que lhe é confiado significa um prejuízo para aquele que o remunera, e a quem deve seu tempo e seu empenho. Em resumo: ele é levado pelo sentimento do dever que sua fé lhe transmite, e pela certeza de que qualquer desvio do caminho reto é uma dívida que, cedo ou tarde, terá de pagar (François, Nicolas, Madeleine, Cardeal Morlot, Paris, 1863).

O LIVRO DOS ESPÍRITOS

684. Que pensar dos que abusam de sua autoridade para impor a seus subordinados um excesso de trabalho?

- É uma das piores ações. Todo homem que tem poder de mando é responsável pelo excesso de trabalho que impõe a seus subordinados, porque desobedece à Lei de Deus.

275. O poder e a consideração de que um homem gozou na Terra dão-lhe supremacia no mundo dos espíritos?

- Não, porque os pequenos são elevados e os grandes, rebaixados. Lê os Salmos.

275a. Como devemos entender essa elevação e esse rebaixamento?

- Não sabes que os espíritos são de diferentes ordens, conforme seu merecimento? Pois bem, o maior da Terra pode estar na última categoria entre os espíritos, enquanto seu criado poderá estar na primeira! Compreendes isso? Jesus não disse: quem se humilha será exaltado e quem se exalta será humilhado?

276. Quem foi importante na Terra, e se acha em inferioridade entre os espíritos, sente-se humilhado?

- Geralmente, muito humilhado; principalmente se era orgulhoso e invejoso.

VIDA PLENA

"Como avalio as pessoas que estão ocupando posições de autoridade?".

PRECE

Senhor, que eu tenha sempre a humildade como farol para iluminar os meus passos, porque, com certeza, ela me protegerá contra os males da arrogância e dos abusos que puder cometer contra os meus semelhantes.

Quinta-feira

Capítulo 17
SEDE PERFEITOS (IV)

O HOMEM NO MUNDO

10. Um sentimento de piedade deve guiar sempre o coração dos que se reúnem sob o olhar do Senhor, e imploram a assistência dos bons espíritos. Purificai, pois, os vossos corações, e não deixeis que neles persista qualquer intenção mundana ou fútil. Elevai o vosso pensamento até aqueles a quem chamais, a fim de que, encontrando em vós as necessárias condições, possam lançar em profusão as sementes que devem germinar em vossos corações, e neles produzir frutos da caridade e da justiça.

Não acrediteis, porém, que incitando-vos sem cessar à prece e à evocação mental, queremos vos obrigar a levar uma vida mística, que vos mantenha fora das regras da sociedade em que sois obrigados a viver. Não! Vivei como os homens de vossa época! Vivei como devem viver os homens! Mas renunciai às exigências e futilidades do dia-a-dia. E fazei isso com um sentimento puro, que possa santificá-las.

Se fostes designados a estar em contato com outros seres de natureza diferente da vossa, e de caráter oposto, não magoeis nenhum deles. Sede alegres, felizes, com a alegria que a consciência tranquila proporciona, com a felicidade do herdeiro do Céu que conta os dias que o aproximam de sua herança.

A virtude não consiste em adotar um aspecto severo e sombrio, em rejeitar os prazeres que a condição humana vos permite. Basta que harmonizeis todos os atos de vossa vida pelas leis do Criador, que vos deu a vida. Basta elevar o pensamento a esse mesmo Criador e pedir-Lhe, fervorosamente, Sua proteção quando tiverdes uma obra a executar, ou Sua bênção para uma obra concluída. Não importa o que façais; ligai vosso pensamento à Fonte Suprema de todas as coisas. Jamais façais nada sem que a lembrança de Deus venha purificar e santificar os vossos atos.

Como disse Jesus, toda a perfeição está contida na prática da caridade absoluta. Mas os deveres da caridade se estendem a todas as posições sociais, desde os mais simples aos mais abastados. O homem não teria como praticar a caridade se vivesse só. É somente no contato com seus semelhantes, nas lutas mais difíceis, que ele tem oportunidade de praticá-la. Portanto, quem se isola priva-se voluntariamente do meio mais poderoso de aperfeiçoamento, pois, tendo de pensar apenas em si, sua vida passa a ser a de um egoísta (Veja capítulo 5, número 26, de ***O Evangelho Segundo o Espiritismo***).

Não imagineis, então, que para viver constantemente em comunicação conosco, para viver sob o olhar do Senhor, é preciso martirizar-se e cobrir-se de cinzas. Não! Mais uma vez, não! Sede felizes, conforme as necessidades humanas. Mas, que em vossa felicidade jamais esteja presente um pensamento ou um ato que possa ofender a Deus ou entristecer os que vos amam e vos guiam. Deus é amor, e abençoa a quem ama com pureza (Um Espírito Protetor, Bordéus, 1863).

O LIVRO DOS ESPÍRITOS

673. Não seria um modo de tornar essas oferendas mais agradáveis a Deus destiná-las a diminuir o sofrimento daqueles a quem falta o necessário? E, nesse caso, o sacrifício de animais, praticado com uma intenção útil, não seria meritório, embora fosse reprovável quando não servia para nada, ou quando dele só tiravam vantagens pessoas a quem nada faltava? Não haveria algo verdadeiramente piedoso em destinar aos pobres os primeiros frutos dos bens que Deus nos concede na Terra?

- Deus abençoa sempre os que fazem o bem. Aliviar o sofrimento dos pobres e dos aflitos é o melhor meio de glorificá-Lo. Não quero dizer com isso que Deus desaprove as cerimônias que realizais para pedir-Lhe graças, mas elas envolvem muito dinheiro que poderia ser empregado mais proveitosamente do que é. Deus gosta da simplicidade em tudo. O homem que se apega às aparências, e não ao coração, é um ser com visão acanhada. Decidi se Deus deve se ater mais à forma do que à essência.

VIDA PLENA

"Tenho vivido plenamente, aceitando os limites da minha pessoa e dos meus semelhantes?".

PRECE

Bons espíritos, que a vossa experiência no terreno da reforma íntima nos sirva de inspiração para a remoção dos obstáculos que a vida nos impõe como prova ou expiação. Que saibamos aproveitar positivamente essas situações nas quais somos testados, para crescer e também auxiliar àqueles que também necessitam da nossa compreensão.

Sexta-feira

Capítulo 17
SEDE PERFEITOS (V)

Instruções dos espíritos
CUIDAR DO CORPO E DO ESPÍRITO

11. A perfeição moral consiste em sacrificar o corpo? Para elucidar essa questão, eu me apóio em princípios elementares, e começo por demonstrar a necessidade de cuidar-se do corpo, o qual, segundo as alternâncias de saúde e doença, influi de modo decisivo sobre a alma, que é considerada prisioneira da carne. Para que essa prisioneira viva, vibre, se movimente e chegue a alimentar ilusões de liberdade, o corpo deve estar sadio, disposto e forte. Façamos uma comparação: ambos, alma e corpo, se acham em perfeito estado. O que devem fazer para manter o equilíbrio entre suas capacidades e necessidades tão diferentes?

Aqui, dois sistemas se confrontam: o dos ascetas, que preconizam a prostração do corpo, e o dos materialistas, que negam a alma; dois conceitos insensatos, tanto um como o outro. Paralelamente a essas correntes de pensamento, fervilha um grande número de indiferentes que, sem convicção e sem entusiasmo, amam com frieza e se satisfazem com pouco. Onde está então a sabedoria? Onde está a ciência de viver? Em parte alguma! Esse grande problema ficaria totalmente sem ser resolvido, se o espiritismo não viesse auxiliar os estudiosos, demonstrando-lhes as relações existentes entre o corpo e a alma, comprovando que devemos cuidar de ambos, já que um é necessário ao outro.

Amai, pois, vossa alma, mas cuidai também de vosso corpo, que é o instrumento da alma. Ignorar as necessidades que a própria natureza indica, é desconhecer a Lei de Deus. Não o castigueis pelas faltas que vosso livre-arbítrio o induziu a cometer, pelas quais é tão responsável quanto o cavalo mal conduzido o é pelos acidentes que provoca. Por acaso, vos tornaríeis mais perfeitos se martirizásseis vosso corpo com a falsa ilusão de vos tornardes menos egoístas e menos orgulhosos? Não. A perfeição não está nisso. Ela se encontra nas reformas morais a que submeterdes o vosso espírito. Dominai-o, pois. Subjulgai-o, dobrai-o: esta é a maneira de torná-lo dócil à vontade de Deus, e a única que conduz à perfeição (GEORGES, espírito protetor, Paris, 1863).

O LIVRO DOS ESPÍRITOS

630. Como se pode distinguir o bem do mal?

- O bem é tudo o que está de acordo com a Lei de Deus, e o mal, tudo que dela se afasta. Assim, fazer o bem é submeter-se à Lei de Deus; fazer o mal, é infringir essa Lei.

631. O homem tem meios de distinguir por si mesmo o bem do mal?

- Sim, quando crê em Deus e quer sabê-lo. Deus lhe deu a inteligência para distinguir um do outro.

632. Estando sujeito ao erro, o homem não pode enganar-se na avaliação do bem e do mal e pensar que pratica o bem quando na realidade pratica o mal?

- Jesus vos disse: "Vede o que gostaríeis que fizessem ou não fizessem por vós"; tudo se resume nisso. Não vos enganareis.

VIDA PLENA

"Meu corpo é um laboratório do meu espírito ou uma máquina de satisfação de instintos?".

PRECE

Bom Deus, que saibamos aproveitar com sabedoria os recursos do corpo que recebemos como instrumento de trabalho e aperfeiçoamento espiritual.

Sábado

Capítulo 18
MUITOS SERÃO OS CHAMADOS E POUCOS OS ESCOLHIDOS

Instruções dos espíritos
RECONHECE-SE O CRISTÃO POR SUAS OBRAS

> 16. Nem todos os que dizem: "Senhor, Senhor!" entrarão no reino dos Céus, mas somente aquele que fizer a vontade de meu Pai, que está nos Céus.

Escutai essas palavras do Mestre, todos vós que rejeitais a doutrina espírita como obra do demônio! Abri os vossos ouvidos, pois é chegada a hora de ouvir.

Basta ter a aparência de servo do Senhor para ser um servidor fiel? Basta dizer: "Sou cristão", para ser seguidor do Cristo? Procurai os verdadeiros cristãos, e os reconhecereis por suas obras. Eis as palavras do Mestre: "Uma boa árvore não pode dar maus frutos, nem uma árvore má dar frutos bons." "Toda árvore que não dá bons frutos é cortada e lançada ao fogo." Discípulos do Cristo, compreendei-as bem! Que frutos deve dar a árvore do cristianismo, árvore vigorosa cujos ramos frondosos cobrem com sua sombra uma parte do mundo, mas que ainda não abrigam todos os que hão de se reunir ao seu redor? Os frutos da árvore da vida são frutos de vida, de esperança e de fé. O cristianismo, tal como há muitos séculos o faz, sempre prega as divinas virtudes, procurando disseminar os seus frutos. Mas quão poucos os colhem! A árvore é sempre boa, mas os jardineiros são maus. Quiseram moldá-la às suas idéias; quiseram adaptá-la às suas necessidades; podaram-na, diminuíram-na, mutilaram-na; seus ramos estéreis não dão maus frutos, pois nada mais produzem. O viajante cansado que pára à sua sombra em busca do fruto da esperança, que deve restituir-lhe a força e a coragem, encontra apenas galhos infecundos prenunciando a tempestade. Em vão, procura o fruto da vida na árvore da vida: as folhas caem secas. A mão do homem mexeu tanto nelas, que definharam!

Abri, pois, vossos ouvidos e corações, meus bem-amados! Cultivai essa árvore da vida, cujos frutos dão a vida eterna. Aquele que a plantou vos convoca a cuidar dela com amor, e a vereis de novo dar seus divinos frutos com abundância. Conservai-a, tal como o Cristo vos entregou-a. Não mutileis seus galhos: sua sombra imensa quer estender-se ao Universo; seus frutos benfazejos caem com abundância para sustentar o viajante faminto que pretende chegar ao seu destino. Por isso, não os amontoeis para guardá-los, deixando que apodreçam e não sirvam para ninguém.

Muitos são os chamados e poucos os escolhidos. Jesus quis dizer com isso que há monopolizadores do pão da vida, como há, muitas vezes, os do pão material. Não vos coloqueis entre eles, pois a árvore que dá bons frutos deve distribuí-los para todos. Ide procurar os que estão famintos; trazei-os para a sombra da árvore, e partilhai com eles o abrigo que ela vos oferece.

Não se colhem uvas nos espinheiros. Meus irmãos, afastai-vos daqueles que vos chamam para vos apresentar aos espinheiros do caminho, e segui aqueles que vos conduzem à sombra da árvore da vida. O Divino Salvador, o justo por excelência, disse-o, e Suas palavras não passarão: "Nem todos os que me dizem: 'Senhor, Senhor!' entrarão no reino dos Céus, mas apenas os que fazem a vontade de meu Pai, que está nos Céus".

Que o Senhor de bênçãos vos abençoe! Que o Deus de luz vos ilumine! Que a árvore da vida espalhe sobre vós seus frutos com abundância! Crede e orai (SIMEÃO, Bordéus, 1863).

583. Se um filho acaba mal, os pais são responsáveis por isso apesar dos seus cuidados?

- *Não. Porém, quanto piores forem as tendências do filho, mais pesada é a tarefa, e maior será seu mérito se conseguirem afastá-lo do mau caminho.*

583a. Se uma criança se torna um homem de bem, apesar da negligência ou dos maus exemplos dos pais, estes tiram disso algum proveito?

- *Deus é justo.*

VIDA PLENA

"Prefiro transformar os outros com golpes verbais ou pela força natural dos exemplos de vida?".

PRECE

Senhor, que possamos estar sempre sob a sombra da árvore do vosso Evangelho e que saibamos dividi-la com aqueles que se nos apresentam sedentos da vossa verdade. Ensinai-nos a preserva-la intacta na sua essência para não cairmos no erro de cultivá-la segundo as nossas conveniências materiais.

Domingo

Capítulo 21

HAVERÁ FALSOS CRISTOS E FALSOS PROFETAS

INSTRUÇÕES DOS ESPÍRITOS

JEREMIAS E OS FALSOS PROFETAS

11. Assim diz o Senhor dos exércitos: "Não escuteis as palavras dos profetas que vos profetizam e vos enganam. Eles apregoam as visões de seus corações, e não o que aprenderam pela boca do Senhor. Dizem àqueles que blasfemam contra mim: 'O Senhor o disse: tereis a paz'. E a todos aqueles que caminham para a corrupção de seus corações, dizem: 'Nenhum mal vos atingirá'. Mas qual deles assistiu ao conselho de Deus? Quem O viu e quem entendeu o que Ele disse? Eu não enviei esses profetas, e eles correram por conta própria. Eu não lhes falei nada, e eles profetizaram como bem entendiam. Eu ouvi esses profetas que profetizavam mentiras em meu nome, dizendo: 'Sonhei, sonhei!' Até quando essa imaginação estará no coração dos profetas que profetizam mentiras, e cujas profecias não são mais do que as seduções de seus corações? Se, pois, esse povo, ou um profeta, ou um sacerdote, vos interrogar, dizendo-vos: 'Qual é o fardo do Senhor?', responderás: 'Vós mesmos sois o fardo! E eu vos lançarei bem longe de mim, diz o Senhor'. (JEREMIAS, 23:16-18, 21, 25-26, e 33).

É sobre essa passagem do profeta Jeremias que vou conversar convosco, meus amigos. Deus, falando por intermédio do profeta, diz: "É a visão do coração deles que os faz falar".

Essas palavras indicam claramente que, já naquela época, os charlatães e os fanáticos abusavam do dom da profecia e o exploravam. Consequentemente, abusavam da fé ingênua e quase sempre cega do povo, predizendo *por dinheiro* coisas boas e agradáveis. Essa espécie de fraude era muito comum entre os judeus, e é fácil compreender que o pobre povo, na sua ignorância, não tinha condições de distinguir os bons dos maus, e era quase sempre vítima dos pretensos profetas, que não passavam de impostores ou fanáticos. Nada é mais significativo do que estas palavras: "Eu não enviei esses profetas, e eles correram por conta própria. Eu não lhes falei nada, e eles profetizaram". Mais adiante, ele diz: "Eu ouvi esses profetas que profetizaram mentiras em meu nome, dizendo: 'Sonhei, sonhei!' ", indicando, assim, um dos meios empregados para explorar a confiança que o povo neles depositava. A multidão, sempre crédula, não pensava em contestar a veracidade dos sonhos e visões daqueles profetas; ao contrário, achava tudo muito natural e sempre os induzia a falar.

Após essas palavras do profeta, escutai os sábios conselhos do apóstolo João, quando diz: "Não creiais em todos os espíritos, mas provai se os espíritos são de Deus", pois entre os desencarnados também há os que gostam de enganar quando encontram uma oportunidade. As vítimas são os médiuns que não tomam as necessárias precauções. Aí está, sem a menor dúvida, um dos maiores obstáculos contra o qual muitos se chocam, principalmente quando são principiantes no espiritismo. É para eles uma prova na qual só com muita prudência podem triunfar. Antes de qualquer coisa, aprendei, pois, a distinguir os bons e os maus espíritos, para que vós mesmos não vos transformeis em falsos profetas (LUIZ, espírito protetor, Carlsruhe, 1861).

O LIVRO DOS ESPÍRITOS

870. Uma vez que é útil que o futuro permaneça oculto, porque Deus às vezes permite sua revelação?

- Permite-o quando esse conhecimento antecipado deve facilitar o cumprimento de alguma coisa, em vez de dificultá-lo, incitando o homem a agir de modo diferente do que ado-

taria sem essa revelação. Aliás, muitas vezes é uma prova. A perspectiva de um acontecimento pode despertar sentimentos mais, ou menos bons. Se, por exemplo, um homem deve saber que vai receber uma herança com que não contava, poderá ser tomado pelo sentimento de cobiça, pela satisfação de aumentar seus prazeres mundanos, pela ânsia de possuí-la mais depressa, desejando a morte de quem vai deixar-lhe a fortuna. Ou então essa perspectiva despertará nele bons sentimentos e pensamentos generosos. Se a predição não se cumpre, é outra prova: a prova do modo como irá suportar a decepção. Mas nem por isso deixará de caber-lhe o merecimento ou o prejuízo pelos pensamentos bons ou maus que a expectativa daquele acontecimento tenha feito nascer no seu íntimo.

VIDA PLENA

"Costumo apagar o archote da fé em dias claros e lamentar a falta de luz nos dias escuros?".

PRECE

Senhor, afastai-nos a ilusão de que podemos burlar as vossas leis sábias tentando fugir do destino que escolhemos e traçamos com as nossa próprias ações pretéritas. Que saibamos valorizar as experiências confiando nos bons espíritos e afastando-nos dos maus, que somente nos convidam à ilusão e às quedas espirituais.

Segunda-feira

Capítulo 23

ESTRANHA MORAL (I)

Não vim trazer a paz, mas a divisão

16. Quando Jesus disse: "Não penseis que vim trazer a paz, mas sim a divisão", seu pensamento era este:

> Não julgueis que minha doutrina vá estabelecer-se pacificamente. Ela trará lutas sangrentas, em que meu nome será usado como pretexto, porque os homens não terão conseguido ou desejado me compreender. Separados por suas crenças, eles sacarão a espada uns contra os outros, e a divisão reinará entre os membros de uma mesma família, que não professarem a mesma fé. Vim lançar fogo sobre a Terra para limpá-la dos erros e dos preconceitos, como se põe fogo em um campo para exterminar as ervas daninhas. E tenho pressa que ele se acenda, para que a limpeza aconteça mais rapidamente, pois a verdade sairá triunfante desse conflito. À guerra se seguirá a paz; ao ódio das facções, se seguirá a fraternidade universal; às trevas do fanatismo, se seguirá a luz da fé esclarecida. Então, quando o campo estiver preparado, eu vos enviarei ***o Consolador, o Espírito de Verdade***, que virá restabelecer todas as coisas, ou seja, fará conhecer o verdadeiro sentido de minhas palavras, que os homens mais esclarecidos poderão enfim compreender. Ele colocará fim à luta fratricida, que divide os filhos de um mesmo Deus. Cansados, finalmente, de um combate interminável que só provoca desolação e desavença no seio das famílias, os homens reconhecerão onde estão seus verdadeiros interesses neste mundo e no

outro. Eles verão de que lado estão os amigos e os inimigos de sua tranquilidade. Todos, então, virão abrigar-se sob a mesma bandeira: a da caridade, e as coisas serão restabelecidas na Terra, de acordo com a verdade e os princípios que vos ensinei.

O LIVRO DOS ESPÍRITOS

Conclusão – Item IX: ***Há muito os homens vêm se estraçalhando e amaldiçoando-se em nome de um Deus de paz e de misericórdia, e Deus se ofende com semelhante sacrilégio. O espiritismo é o laço que os unirá um dia, porque lhes mostrará onde está a verdade e onde está o erro; mas por muito tempo ainda haverá escribas e fariseus que o negarão, como negaram o Cristo. Quereis saber sob a influência de que espíritos se acham as diversas seitas que repartiram o mundo entre si? Julgai-as por suas obras e por seus princípios. Os espíritos bons jamais foram instigadores do mal; eles nunca aconselharam, nem legitimaram o assassinato e a violência; nunca excitaram os ódios dos partidos, nem a sede de riquezas e de honrarias, nem a ganância pelos bens da terra. Só os que são bons, humanitários e bondosos para com todos são seus preferidos e são também os preferidos de Jesus, porque seguem o caminho que lhes mostrou para chegar até ele.***

Santo Agostinho

VIDA PLENA

"Tenho consciência de que o conhecimento espiritual gera a responsabilidade diante das contradições da vida material?".

PRECE

Bons espíritos, que saibamos observar o alerta que nos faz Jesus sobre as consequências e responsabilidades que temos ao aceitar os seus ensinamentos. Que vós nos inspireis na sua aplicação, afastando-nos do radicalismo ou do comodismo, mantendo-nos em equilíbrio diante dos obstáculos naturais da fé.

Terça-feira

Capítulo 23

ESTRANHA MORAL (II)

Não vim trazer a paz, mas a divisão

> 10. Eu vim lançar fogo à Terra, e tenho pressa que ele se acenda!... Devo ser batizado com um certo batismo, e aguardo ansioso que ele se cumpra!
> Julgais que eu tenha vindo trazer paz à Terra? Não, vos asseguro que não. Ao contrário, vim trazer a divisão, pois, de agora em diante, se cinco pessoas estiverem numa casa, ficarão divididas umas contra as outras; três contra duas, e duas contra três. O pai estará contra o filho, e o filho contra o pai; a mãe contra a filha, e a filha contra a mãe; a sogra contra sua nora, e a nora contra sua sogra (Lucas, 12:49-53).

17. O espiritismo vem realizar, no tempo previsto, as promessas do Cristo. Contudo, não poderá fazê-lo sem acabar com os abusos. Assim como Jesus, ele encontra em seu caminho o orgulho, o egoísmo, a ambição, a cobiça e o fanatismo cego, que, encurralados nas últimas trincheiras, tentam barrar-lhe o caminho, levantando contra ele obstáculos e perseguições. Eis por que ele também precisa combatê-los. Mas o tempo das lutas e perseguições sangrentas já passou. As que ele terá de enfrentar são todas de ordem moral, e o final delas está próximo. As primeiras lutas do cristianismo duraram séculos, estas durarão apenas alguns anos, pois a luz, em vez de partir de um

único foco, surgirá de todos os pontos do globo, e abrirá mais depressa os olhos dos cegos.

18. As palavras de Jesus se referem, portanto, ao ódio, aos conflitos e às lutas que Ele previa que Sua doutrina iria provocar antes de firmar-se, tal como aconteceu com os hebreus antes de sua entrada na Terra Prometida, e não como um desígnio premeditado de Sua parte, para semear a desordem e a confusão. O mal viria dos homens e não Dele, que era como o médico que vem curar, mas cujos remédios provocam uma crise salutar, fazendo os fluidos doentios do enfermo reagirem.

O LIVRO DOS MÉDIUNS

941. Para muitas pessoas, o medo da morte é uma perplexidade. De onde vem esse medo, uma vez que têm o futuro diante de si?

- É um medo injustificado. Mas que queres? Desde a infância procuram convencê-las de que há um inferno e um paraíso, e de que o mais certo é que irão para o inferno, porque lhes dizem que o que é natural é um pecado mortal para a alma. Então, quando se tornam adultas, se tiverem um pouco de discernimento não podem admitir isso, e passam a ser incrédulas ou materialistas. É assim que as levam a crer que, além da vida presente, nada mais existe. Quanto às que persistem em suas crenças da infância, essas têm medo do fogo eterno que deverá queimá-las sem consumi-las.

A morte não inspira qualquer temor ao justo, porque, com a fé, ele tem confiança no futuro. A esperança faz com que acredite numa vida melhor, e a caridade, cuja lei praticou, lhe dá a certeza de que no mundo aonde irá entrar não encontrará nenhum ser cujo olhar precise temer.

VIDA PLENA

"Os perigos do caminho são para uma ameaça assustadora ou motivo para prosseguir na jornada?".

PRECE

Senhor, como adeptos do espiritismo, a doutrina consoladora de Jesus, possamos relembrar e vivenciar os seus ensinamentos, para que se cumpra a vossa vontade e que os homens recebam felizes essa oportunidade da redenção neste planeta de expiações e provas.

Quarta-feira

Capítulo 24
NÃO COLOQUEIS A CANDEIA DEBAIXO DO ALQUEIRE

Carregar sua cruz. Quem quiser salvar sua vida, a perderá

17. Sereis felizes quando os homens vos odiarem, vos separarem, vos tratarem injuriosamente, rejeitarem vosso nome como mau, por causa do Filho do Homem. Regozijai-vos nesse dia e deixai-vos tomar pela alegria, porque uma grande recompensa vos está reservada no Céu, pois foi assim que os pais deles trataram os profetas (Lucas, 6:22 e 23).

18. Ao chamar a si o povo e Seus discípulos, Jesus disse: "Se alguém quiser me seguir, que renuncie a si mesmo, que carregue sua cruz e me siga, pois aquele que quiser salvar a si mesmo se perderá, e aquele que se perder por amor a mim e ao Evangelho se salvará". De fato, de que serviria a um homem ganhar o mundo todo e perder a si mesmo? (Marcos, 8:34-36; Lucas, 9:23-25; Mateus, 10:39; João, 12:25 e 26).

19. "Alegrai-vos", disse Jesus, "quando os homens vos odiarem e vos perseguirem por minha causa, porque sereis recompensados no Céu". Essas palavras podem ser interpretadas assim: "Ficai felizes quando certos homens, por má vontade para convosco, vos derem a oportunidade de provar a sinceridade de vossa fé, porque o mal que vos fizerem reverterá em benefício para vós. Tende piedade deles por sua cegueira, e não os amaldiçoeis". Depois, acrescenta: "Se alguém quiser me se-

guir, que carregue sua cruz", ou seja, "que suporte corajosamente os dissabores que sua fé lhe acarretará, pois quem quiser salvar sua vida e seus bens, renunciando a mim, perderá tudo o que há de sublime no reino dos Céus, enquanto aqueles que tudo perderam na Terra, até mesmo a própria vida, para que a verdade triunfasse, receberão na vida futura o prêmio por sua coragem e abnegação". Quanto aos que renunciam aos bens celestes pelos prazeres terrenos, Deus lhes diz: "Já recebestes vossa recompensa".

O LIVRO DOS ESPÍRITOS

924. Há males que independem da maneira de agir e que golpeiam até o homem mais justo. Não existe algum meio de proteger-se deles?

- Nesse caso ele deve resignar-se e suportá-los sem lamentar-se, se quiser progredir. Mas sempre encontra uma consolação na sua consciência, que lhe dá a esperança de um futuro melhor, se fizer o que é preciso para consegui-lo.

VIDA PLENA

"Sei que a justiça dos homens nem sempre corresponde à Justiça Divina. Isso me tranquiliza?".

PRECE

Senhor, que sejamos dignos de sofrer pela fidelidade ao vosso Evangelho. Sabemos que esse sofrimento será o alicerce da nossa fé e confiança na Providência Divina.

Quinta-feira

Capítulo 26

DAI DE GRAÇA O QUE DE GRAÇA RECEBESTES

Mediunidade gratuita

10. A mediunidade é uma coisa sagrada, que deve ser praticada religiosamente. Se há uma espécie de mediunidade que requer essa condição, de modo ainda mais absoluto, é a mediunidade de cura. O médico coloca em prática o fruto de seus estudos, muitas vezes feito à custa de duros sacrifícios. O magnetizador doa seu próprio fluido, e às vezes até mesmo sua saúde. Ambos podem colocar um preço nisso, mas o médium curador, que transmite o fluido salutar dos bons espíritos, não tem o direito de vendê-lo. Jesus e os apóstolos, embora pobres, nada cobravam pelas curas que faziam.

Aqueles, pois, que não têm com que se sustentar, que procurem recursos em outra parte, menos na mediunidade. E, se for preciso, só dedique a ela o tempo de que pode dispor materialmente. Os espíritos levarão em conta o seu devotamento e os seus sacrifícios, ao passo que se afastarão dos que esperam fazer da mediunidade um meio de subir na vida.

O LIVRO DOS MÉDIUNS

288. I. Os espíritos respondem de bom grado às perguntas que lhes são dirigidas?

– Depende das perguntas. Os espíritos sérios sempre respondem com prazer às que têm por objetivo o bem e os meios de vos fazer progredir. Não dão ouvidos às perguntas fúteis.

IV. Que pensar das pessoas que vêem nas comunicações espíritas apenas uma distração e um passatempo, ou um meio de obter revelações sobre o que lhes interessa?

– Essas pessoas agradam muito aos espíritos inferiores que, como elas, querem se divertir, e ficam satisfeitos quando conseguem enganá-las.

V. Quando os espíritos não respondem a determinadas perguntas, isso se deve à vontade deles, ou é porque uma força superior se opõe a certas revelações?

– Por ambos os motivos. Há coisas que não podem ser reveladas, e outras que o próprio espírito não sabe.

V.a. Insistindo-se vivamente, o espírito acabaria respondendo?

– Não. O espírito que não quer responder sempre tem a facilidade de ir-se embora. Por isso é necessário esperar, quando vos recomendam fazê-lo, e principalmente não obstinar-vos em querer fazer-nos responder. Insistir para ter uma resposta que não se quer dar, é um meio certo de ser enganado.

289. VII. Os espíritos podem revelar-nos o futuro?

- Se o homem conhecesse o futuro, negligenciaria o presente.

E aí está mais um ponto quanto ao qual sempre insistis em obter uma resposta precisa. É um grande erro, pois a manifestação dos espíritos não é um meio de adivinhação. Se quiserdes decididamente uma resposta, ela vos será dada por um espírito insensato; a todo instante vos dizemos isso (Ver *O Livro dos Espíritos*, "Conhecimento do futuro", número 868.)

VIDA PLENA

"Tenho sido corajoso ao suportar as dificuldades? Quando sinto medo, fujo de mim mesmo ou procuro entender o porquê dessa minha fraqueza?".

PRECE

Bons espíritos, que nos assistem em nossas atividades, inspirai-nos a praticar a verdadeira caridade oferecendo os nossos recursos espirituais sem exigir ou aceitar por eles recompensas materiais. Lembrai-nos de Jesus, dos apóstolos e de todos aqueles que souberam utilizar sabiamente a ferramenta da mediunidade.

Sexta-feira

Capítulo 27

PEDI E OBTEREIS (I)

Preces inteligíveis

> 16. Se eu não entender o que as palavras significam, serei um bárbaro para aquele a quem falo, e aquele que me fala será para mim um bárbaro. Se oro em uma língua estranha, meu coração ora, mas meu entendimento não assimila os seus frutos. Se só louvais a Deus de coração, como é que um homem, entre aqueles que só entendem sua própria língua, responderá: "Amém!", no final de vossa ação de graças, já que não entende o que dizeis? Não que vossa oração não seja boa, mas os outros não são edificados com ela (Paulo, primeira ***Epístola aos Coríntios***, 14:11, 14, 16 e 17).

17. A prece só tem valor pelo pensamento a que ela se associa, já que é impossível ligar um pensamento a algo que não se compreende, pois o que não é compreendido não consegue tocar o coração. Para a imensa maioria das pessoas, as preces em uma língua incompreensível não passam de um conjunto de palavras que nada dizem ao espírito. Para que a prece toque o nosso coração, é preciso que cada palavra transmita uma idéia, e, se não for compreendida, nada terá a transmitir. Ela pode ser recitada como uma simples fórmula que tem maior ou menor virtude, conforme a quantidade de vezes que é repetida. Muitos oram por obrigação; alguns por hábito, pelo que se julgam quites após repetirem uma prece certo nú-

mero de vezes predeterminado, nesta ou naquela ordem. Deus vê o íntimo dos corações; lê o pensamento e a sinceridade, e, considerá-Lo mais sensível à maneira de orar do que à essência da prece, seria menosprezá-Lo (Veja capítulo 28, número 2, de *O Evangelho Segundo o Espiritismo*).

O LIVRO DOS ESPÍRITOS

656. A adoração em comum é preferível à adoração individual?
- Os homens reunidos pela comunhão de pensamentos e sentimentos têm mais força para atrair para si os bons espíritos. O mesmo acontece quando se reúnem para adorar a Deus. Não penseis, por isso, que a adoração particular seja menos valiosa, porque cada um pode adorar a Deus pensando n'Ele.

VIDA PLENA

"Experimento a solidão como fuga ou como um momento de diálogo comigo mesmo?".

PRECE

Amado Pai, que nos momentos de solidão possamos refletir sobre as nossas aspirações de felicidade, deixando de lado as amarguras. Que possamos lembrar que, na verdade, nunca estamos sozinho e que vós nos ampara sempre, sobretudo nos momentos mais difíceis.

Sábado

Capítulo 27

PEDI E OBTEREIS (II)

Da prece pelos mortos e pelos espíritos sofredores

18. Os espíritos sofredores clamam por preces, e elas lhes são proveitosas, pois, percebendo que são lembrados, sentem-se reconfortados e menos infelizes. Mas a prece tem sobre eles uma ação mais direta: reanima-lhes a coragem, incute-lhes o desejo de elevarem-se pelo arrependimento e pela reparação, e pode desviá-los do pensamento do mal. É nesse sentido que ela pode aliviar-lhes e abreviar-lhes os sofrimentos (Veja a obra *O Céu e o Inferno,* 2ª parte: Exemplos).

19. Algumas pessoas não admitem a prece pelos mortos, porque acreditam que só há duas alternativas para a alma: ser salva ou condenada às penalidades eternas, e assim, tanto num caso como noutro, a prece seria inútil. Sem discutir o valor dessa crença, admitamos por um instante a existência dos sofrimentos eternos e imperdoáveis, e que nossas preces sejam impotentes para pôr-lhes um fim. Perguntamos: "Em tal hipótese, é lógico, é caridoso, é cristão negar uma prece pelos condenados? Tais preces, por mais impotentes que sejam para libertá-los, não significariam para eles um gesto de piedade que poderia aliviar-lhes os sofrimentos?". Na Terra, quando um homem é condenado à prisão perpétua, mesmo que não haja nenhuma esperança de perdão para ele, porven-

tura é proibido que uma criatura caridosa faça uma corrente de oração, a fim de aliviar-lhe o sofrimento? Quando alguém é acometido por um mal incurável, só porque não há esperança de cura, deve-se abandoná-lo sem tentar proporcionar-lhe algum alívio? Considerai que, dentre os condenados, possa haver alguém que vos tenha sido caro: um amigo, talvez um pai, uma mãe ou um filho. Só porque alguns pensam que ele não deve ser perdoado, acaso lhe recusaríeis um copo d'água para saciar-lhe a sede? Ou um bálsamo para cicatrizar-lhe as feridas? Não faríeis por ele o que faríeis por um prisioneiro? Não lhe daríeis uma prova de amor e de consolação? Acaso isso não seria cristão? Uma crença que endurece o coração não pode estar ligada a um Deus que coloca o amor ao próximo como um dos mais importantes deveres.

A transitoriedade das penas não significa a negação de uma punição temporária, pois Deus, em Sua justiça, não poderia tratar o bem e o mal da mesma forma. Portanto, negar, nesse caso, a eficácia da prece, seria negar a eficácia da consolação, dos encorajamentos e dos bons conselhos. Seria negar a força que extraímos da assistência moral daqueles que nos querem bem.

O LIVRO DOS ESPÍRITOS

659. Qual é o caráter geral da prece?

- A prece é um ato de adoração. Orar a Deus é pensar n'Ele, é aproximar-se d'Ele, é pôr-se em comunicação com Ele. Ao orar, podemos ter em mente três coisas: louvar, pedir, agradecer.

VIDA PLENA

"Sei realmente qual é a extensão da Lei do Amor?".

PRECE

Bom Deus, que as nossas preces possam chegar aos corações daqueles que perderam a fé e a esperança. Que os seus pensamentos possam ser regenerados e os sentimentos renovados para a busca de novas e positivas experiências.

Domingo

Capítulo 27

PEDI E OBTEREIS (III)

INSTRUÇÕES DOS ESPÍRITOS

A FELICIDADE QUE VEM DA PRECE

23. Vinde, vós que desejais crer: os espíritos celestiais acorrem e vêm vos anunciar grandes coisas. Deus, meus filhos, abre Seus tesouros para vos dar todos os Seus benefícios. Homens incrédulos! Se soubésseis como é grande o bem que a fé proporciona ao coração, e como leva a alma ao arrependimento e à prece! A prece! Ah, como são comoventes as palavras que saem da boca, no momento em que se ora! A prece é o orvalho divino que resfria o calor excessivo das paixões. Filha primogênita da fé, ela nos leva ao caminho que conduz a Deus. No recolhimento e na solidão, estais com Deus. Já não existem mistérios: Ele Se revela para vós. Apóstolos do pensamento, a vida vos pertence. Vossa alma se liberta da matéria e se eleva a mundos infinitos e etéreos, que os pobres humanos desconhecem.

Andai, percorrei os caminhos da prece, e ouvireis a voz dos anjos! Que harmonia! Já não há mais o ruído confuso nem os sons estridentes da Terra. Ouvem-se as liras dos anjos, as vozes doces e suaves dos serafins, mais delicadas que a brisa matinal brincando na folhagem dos bosques. Entre quantas coisas maravilhosas caminhareis! Vossa linguagem não conseguirá traduzir em palavras a felicidade que impregnará vossos poros, quando se atinge essa fonte refrescante, ao orar! Doces vozes que a alma ouve, perfumes inebriantes com que se delicia quando se lança às esferas desconhecidas e habitadas pela prece! Livres dos desejos carnais, todas as aspirações são divinas.

E vós, também, orai como Jesus o fez ao carregar sua cruz ao Gólgota, ao Calvário. Carregai vossa cruz, e sentireis as sublimes emoções que lhe passavam na alma, embora sob o peso de uma cruz infame. Ele ia morrer sim, mas para viver a vida celestial na morada de Seu Pai (SANTO AGOSTINHO, Paris, 1861).

O LIVRO DOS ESPÍRITOS

665. Que pensar da opinião que se opõe à prece pelos mortos por não estar prescrita no Evangelho?

- O Cristo disse aos homens: "Amai-vos uns aos outros". Essa recomendação inclui o emprego de todos os meios possíveis para testemunhar afeição aos homens, sem entrar em detalhes quanto à maneira de atingir esse objetivo. Se é verdade que nada pode demover o Criador, imagem da justiça, de aplicá-la a todos os atos do espírito, não é menos verdade que a prece que lhe dirigis por aquele que vos inspira afeição é, para este, uma demonstração de que vos lembrais dele, e isso só pode contribuir para abreviar-lhe os sofrimentos e consolá-lo. A partir do momento em que manifeste o mínimo arrependimento, e somente então, ele é ajudado, mas nunca fica sem saber que uma alma com ele simpatiza e se preocupa, e fica com a doce sensação de que a intercessão dela lhe foi útil. De sua parte, disso nasce, forçosamente, um sentimento de reconhecimento e afeto por quem lhe deu essa prova de amizade ou de compaixão. Consequentemente, o amor que o Cristo recomendava aos homens só aumentou entre eles, pois ambos obedeceram à Lei do Amor e de união entre todos os seres, lei divina que deve levar à unidade, princípio e fim do espírito.[1]

1 Resposta dada pelo Sr. Monod, pastor protestante de Paris, falecido em abril de 1856.

VIDA PLENA

"Quando peço a serenidade penso num jardim para os seus dias dourados ou num suprimento de paz para as decepções do caminho?".

PRECE

Senhor, que por meio da prece possamos atingir a serenidade e a confiança, mantendo sempre bom ânimo nos momento difíceis de nossa vidas.

O EVANGELHO DO DIA - VOL. 6
foi confeccionado em impressão digital, em outubro de 2025
Conhecimento Editorial Ltda
(19) 3451-5440 — conhecimento@edconhecimento.com.br
Impresso em Luxcream 80g – StoraEnso